大川知乃

こんにちは、神様

清らかな神社で幸せと健康を！

ナチュラルスピリット

はじめに

清らかな神様、神社におられる八百万《やおよろず》の神！

私が著者デビューしてから10年の月日が経ちました。

デビューした当時は、「神様のお姿が見え、神様とお話ができる」ということは冗談であっても口にすべきでないと知りながら、私の見えている世界について、多くの方々にお伝えする役割があることもわかっていましたので、書籍を執筆させていただきました。

神様が見える、なんてことを言うと、普通であれば「頭がおかしいんじゃないか？」「インチキなんじゃないか？」といった疑いを持たれてしまいます。

それ以前に、私自身が（この人生で出会った誰よりも）懐疑心の強い性格で、他の人には見えないものが見えてしまうという現実を、とても受け入れられませんでした。自分の身の上に起きている異変が何なのか、その原因を解明するために専門医を訪ね、行きたくもない病院にも足を運び、心と体の状態を徹底的に調べ上げてきたのです。

こうして数多くの試練を乗り越えてきたからこそ、私が感じ、見える世界をお伝えできるのだと思っています。

2008年12月に発売された私の初めての著作『もしもし、神様』（マガジンハウス）では、これまでに出会ってきた8柱（※柱とは神様を数える単位）の神様をイラストでご紹介しましたところ、多くの反響がありましたので、本書の第3章では、その後に全国各地の神社でお会いした新たな神様も加えて41柱をご紹介していきます。

お会いした神様は、私に見えているお姿を、その表情やお召し物の柄、色合いなど細部にいたるまで忠実にイラストに起こしました。

第4章と第5章では、清めのエクササイズや食生活のポイント、私が神様から教わった健康観や幸せの法則についてまとめました。

みなさんが全国各地の神社巡りをされる際には、本書を旅のお供としてご持参いただき、体を清め、心を鎮めて静かにご参拝ください。そして、神社の拝殿では「こんにちは、神様」と語りかけていただければと思います。

こんにちは、神様　清らかな神社で幸せと健康を！　目次

はじめに

第1章　神様と出会うまでの長い道のり

第2章
あなたも神様の清らかな力を受けられる

第3章
よい神社におられる神様をご紹介します

第4章
清まれば人生が変わる 清めのステップ！

第5章　神様とともに、世界を清めましょう

第1章

神様と出会うまでの長い道のり

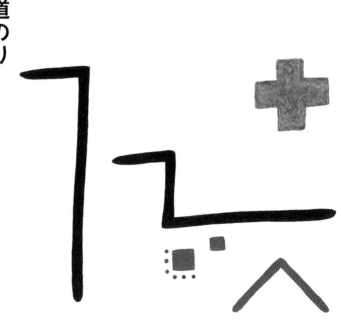

受け入れがたかった汚れた世界
「どうして汚れているの？」

まずは、私の生い立ちからお話をさせていただきます。

近畿地方のほぼ中央に位置する奈良県。私はその北部にある町で生まれ育ちました。社寺や古墳、御陵などが点在し、歴史と趣のある街でありながら、自宅の目の前には国道が通り、徒歩圏内には近鉄沿線の駅もある便利なエリアです。

生まれ育ったのはごく一般的な家庭でしたが、なぜか3才頃までの記憶がほとんどありません。母の話によると、乳児期の私はぽっちゃり体型で、見るからに健康優良児だったそうです。


物心がついて以降は、まさに苦難の連続でした。なぜなら、この世の中は汚いものだらけだったからです。

たとえば、テーブルクロスについた食べこぼしのシミですら、私には耐えられませんでした。白い布を「汚す」という行為はもちろん、それを平気で見過ごすことができる人たちのことも理解できなかったのです。

まわりから見れば、かなり神経質な子どもだったかもしれませんが、この世に汚いものが存在すること自体、衝撃的であり、受け入れがたい現実でした。汚いものに囲まれた世界は、私にとってじつにストレスフルなものだったのです。

一方で、かけっこが得意だった私は、徒競走ではいつも一等賞でした。さらに腕力も強く、小学校の頃は男の子を差し置いて腕相撲でもクラスで常に一等賞。とにかく、元気はつらつとした少女でした。

そんなある日のこと。いつものように校庭を走りまわって遊んでいると、意識だけが肉体のはるか前を行き、肉体がその意識に追いつかないという奇妙な体験をしました。

このことをきっかけに、私は自分の肉体に違和感を持ち始めました。汚いものだけでなく、肉体に対しても大いなる疑問を抱くようになったのです。

肉体への疑問と違和感「2本の脚？ 5本の指？」

この世界が自分にとって本当の居場所とはなかなか思えませんでした。それは肉体という「容れ物」に対して強い違和感を抱いていたからです。

叩かれると痛い、くすぐられるとおかしい、お湯の入ったカップを触れば熱い、夜になると眠くなる……といった肉体的な反応は、本来なら誰に教わらなくても感覚的に身につくものです。

しかし、私にとってはどの反応も現実感がなく、まるで他人事のようでした。どうしても自分の肉体に馴染むことができず、生理的現象が起こるたびに気持ちが悪くなり、不安を覚えました。

人間の体を改めて眺めてみると、じつにユニークな形をしています。

まずは指を見てください。手にも足にも5本の指が付いていますね。1本1本が独立して動いているのも不思議です。

では、鏡の前に立ってあなたの顔を見てください。見慣れた自分の顔でも、よくよく眺めれば目や鼻や口など、ユニークな形や配置だと思いませんか？　もっとも奇妙な形だと思ったのが、頭の両脇に付いている耳でした。

そんなことを、私は子どもの頃からずっと考えてきました。体のパーツの形状に対して不自然に思う子どもなど、どこにもいないでしょう。普通なら、当たり前のこととして気にもとめないはずです。

しかし、私は違いました。人間の体や行動のすべてが不思議に思えてしかたがありませんでした。そして、それらはじつに不快なものでした。

この肉体さえ無ければ、どんなに自由でいられるだろう……。そういった感覚は、幼少期から現在にいたるまでずっと続いています。

人の想念を受け続ける「誰の感情なの？」

小学生の頃には、世間で言う「特殊能力」がすでに目覚めていました。

普通なら見えない、聞こえない、感じないものを感知してしまうその能力によって、人の想念などが勝手に自分の中へ入り込んでくるのです。嫌でも大量の情報にさらされてしまう毎日は、苦痛以外の何ものでもありませんでした。

とくに頭を悩ませたのは、両親の心の中が読めてしまうことでした。

彼らが口に出さずに考えていること、言いたいけれど言えないこと、次に言おうとする言葉などがわかってしまうのです。

それは洞察力が優れているという意味ではなく、両親の思いや考えがそのまま自分に伝わるという感覚です。たとえば、親が何かを伝えようと私の部屋に近づいてくるとき、扉を開けるよりも先に、その思いや発せられるであろう言葉が私の中に入ってくるのです。

親が喜ぶと、私も喜びを感じる。親が不快になると、私も不快さを感じる。それに理由はなく、ただ親の感情を丸ごと体験している自分がいます。だからこそ、私は両親を不快にさせるわけにはいきませんでした。自分自身も不快になってしまうからです。

じつにやっかいなことでした。自分の思いを親に伝えると、その返事を聞くよりも先に親がどう思っているのかがわかってしまうのです。


次第に、私は両親に逆らうことをしなくなりました。

なぜなら、普通の子どものように自己主張して親を困らせるよりも、自分のやりたいことを我慢したほうが楽に生きられると思ったからです。

ある日、親の思いをうまく受け流す方法を見つけました。それは、なるべく天真爛漫に、自由奔放に振る舞うことでした。普通の子どものようなフリをすると、親が喜ぶことを理解したのです。そのほうが親は機嫌がよくなるので、私にとっても好都合でした。

子どもながらに試行錯誤して思いついた方法でしたが、なぜそれが効果的なのかという理由はわかりません。とにかく「この苦痛から逃れるためには何でも試してみよう」という必死の思いから編み出したのです。


しばらくして、家族以外の人の想念もドッと流れ込んでくるようになりました。感情が混乱し、いったいどれが本当の自分の思いなのかがわからなくなります。誰にも理解してもらえない状況下で、私は一人悩みながら、必死で平常心を保とうと努めました。しかし、まわりのネガティブな思いをダイレクトに受け続けるしかなく、徐々に心身のバランスを崩していったのです。

小学校低学年の頃は、かけっこや腕相撲で一等賞を取るような男まさりで活発な少女でしたが、いつの間にか、飛んだり跳ねたり走ったりすると心臓の鼓動が激しくなり、うまく呼吸ができなくなりました。

いま思えば、学校という大勢の人から発せられる「気」に満ちた場所で激しい運動をすれば、呼吸が乱れるのも当然のことだと理解できます。しかしながら、当時の私はそんな理由を知る術もありませんでした。

私は、運動が好きで元気はつらつとした少女から、いつしか体調の優れない虚弱体質な子どもに変わっていきました。

暗い世の中「どうすれば人が幸せになるの？」

当時の私が違和感を覚えたのは、世の中が「汚い」ということに加えて、あまりにも「暗い」という現実でした。

なぜこの世はこんなにも暗く、幸せを感じる人が少ないのか……。私の感じている清らかな世界とは似ても似つかない状況に、頭の中は疑問符だらけでした。

そして、こんなにも暗い世の中に生まれてしまったことを悔い、なかなか受け入れられずにいたのです。

いったい人は、どうすれば幸せになるのか……。

その問いが、いつも頭から離れませんでした。なぜかと言えば、私の感じる幸せと、人から伝わってくる幸せの思いに大きな隔たりがあったからです。

多くの人からは、「幸せ＝満足感」、つまり欲求を満たすことが幸せだという思いが伝わってきました。「ああしたい」「こうなりたい」「あれが欲しい」などの思いを巡らせ、それが得られると一時的に満足し、幸せになった気分になるようなのです。しかし私は、それが本当の幸せとは思えませんでした。

また、「幸せ＝達成感」という人も多くいます。目標を掲げて何かを熱心に取り組み、日々前向きに生きることで幸せを感じるようなのです。しかし、私はそれで幸せの実感が湧いてくるとは思えませんでした。

満足感にしろ、達成感にしろ、その過程に成長があるので一概に否定はしませんが、いずれも真実を体感していない方々の幸福感なのです。

人生のほとんどの時間を満足感や達成感を得るために費やすのは、本当の意味で「いのちをいかす」ことにはつながりません。

穢れてしまっている現代社会では、自分を清めることの重要性がほとんど認識されていないため、幸せの境地に到達しないまま一生を終える人が非常に多いのではないかと思い、胸を痛めました。

私の感じる幸せとは、清らかなものを体感し、細胞一つひとつが喜んでいる状態のことを指します。言い換えれば、清らかなものに敏感に反応することで体が正しく進化し、心が鎮まり、いつでも喜びを味わっている状態のことです。

子どもながらに私は、「暗い世の中、どうにかせなあかん！」と必死に願っていました。そして、このような感覚を持つのは自分だけではなく、誰もが共通する願いだと思っていたのです。

しかし、まわりを観察し続けた結果、自分だけが人と違うことに気づかされ、大きなショックを受けました。それからは、この世にたった一人取り残されたような疎外感を味わうようになったのです。

こうして私は、物心がついたときから数知れない神様のレッスンを受け続けてきました。有無を言わさず、他人の苦悩を我がこととして受け止めなければならない毎日は、耐えがたいストレスの連続でした。また、穢れた環境で繊細な感性を維持することも至難の業でした。「なぜ私ばかりが人と違うの？」と運命を嘆き、人として生きている意味すら見い出せない状況だったのです。

そんな思いを抱きながらも、唯一心の支えとなっていたのは、幼い頃から感じ続けてきた「清らかなもの」でした。私は、その存在のことを密かに「神様」と呼んでいました。

体調不良と幽霊を見る日々「足音、物音、唸り声」

なぜ、私はこの世界に馴染めないのか。

その理由を、いまでははっきりと理解しています。神様の暮らす清らかな世界が自分の中の基準であるため、世の中のあらゆる事象に対して拒否反応を起こしてしまうのです。

中学生と高校生の頃には、さらなる試練がやってきました。

相変わらず、人の想念が自分の中にドッと流れ込む状況は続いていました。自宅では両親、学校では先生やクラスメイトなど多くの人の感情にさらされ、心身ともに疲れ切っていたのです。

また、まわりの人の肉体から発せられる「気」の影響をダイレクトに受け、もがき苦しみました。自宅や学校などの穢れた空間に身を置くことで常に緊張を強いられ、リラックスなどは一切できませんでした。

高校3年生になって、ある出来事が起こります。

自宅の裏手にあった平屋の一軒家が売りに出され、当時自営業をしていた両親が購入を決めたことに、私は猛反対しました。理由は、幼い頃からその家におどろおどろしい何か嫌なものがいることを感じていたからです。

「あの家には、へんなものがいるから買うのをやめて！」

そう言って私は両親を説得したものの、聞き入れられず、以前から住んでいた家は商いに使い、私たち家族はその不気味な家に引っ越すことになりました。

以降、私はその家で幽霊とひんぱんに遭遇することになります。

突然の物音、黒い影、唸り声に加え、夜になると廊下をドンドン走り回る音が響きわたり、連日の金縛りにも悩まされました。夜寝るのが怖くなり、不眠症に陥ったほどです。

当時の私は、除霊やお祓いなどの方法を思いつくこともなく、もちろん空間を浄化する力もまだ備わっていなかったので、自分ではどうすることもできませんでした。誰に相談してよいかもわからず、ただただ恐怖と苦痛に一人耐えるしかなかったのです。

夏休みに入り、学校の体育館でバスケットボールの練習試合を見ていたときのこと。突然、体育館全体が歪んで見え、それと同時に息苦しくなり、心臓がドクドクと波打ち出しました。

急いで家に帰って横になりはしたものの、すぐには回復せず、病院に行くと「ストレスによる自律神経失調症」との診断でした。

体調は悪化の一途をたどりましたが、そんな状態でも清らかな存在（神様）をいつも傍らに感じてこられたのは、いまでもありがたく思っています。

霊能者、霊媒師を訪ねて「Tシャツがビリビリに！」

病院の検査で自律神経失調症との診断が出て、医師から薬を処方されましたが、それで幽霊を見なくなることも、体調がよくなることもありませんでした。

何とか自分で治す方法はないものかと考え、何人かの霊能者や霊媒師を訪ねることにしました。私と同じように見える、聞こえる、感じる人であれば、幽霊に悩まされることを理解し、適切な解決策を示してもらえるだろうと期待したのです。

そして、彼らに会って事情を説明すると、「霊媒体質だから取り憑かれやすい」「数珠を身に着けて寝なさい」「布団の下に刃物を置いて寝なさい」「枕の下におふだを置いて寝なさい」などのアドバイスを受けました。

ある人からは数珠を買い、ある人からは刃物を買い、ある人からはおふだを買って言われた通りにやりましたが、何の変化もありませんでした。

半信半疑ながら、１回40万円もするお祓いを受けたこともあります。

そのお祓いは、大きな祭壇のある暗い部屋で行われました。イタコの女性がお経を唱え始めた瞬間、私は胸ぐらをつかまれてグルングルンと振り回され、インナーの黒いＴシャツがビリビリに破れてしまったのです！

「なに!?　これがお祓い？」「なにすんねん!!」と私は心の中で叫びました。

ボロボロに破れたＴシャツを片手に、上着のパーカーだけを羽織って帰宅したことをよく覚えています。

こうして問題は何も解決しないまま、お金だけが消えていく日々でした。

それでもあきらめることなく、少しでも体調をよくするために鍼治療、整体、カイロプラクティック、ホメオパシー、漢方薬などの代替医療も試しましたが、どれもはっきりとした効果は望めませんでした。

ただし、それぞれの療法を調べ、実践してみる中で多くを学べたことは成果でした。同じ療法でも、施術者や施術を受ける場所によって効果に差が出ることにも気づかされました。穢れた「気」を発する施術者あるいは施術ルームの場合、体調がよくなるどころか悪化することも珍しくなかったのです。

穢れた人の手が直接肌に触れない鍼治療のほうが「まだマシ」でした。

辺境の地へ引っ越し「幽霊さん、さようなら」

幽霊に悩まされ続ける思春期を送った私は、高校卒業後、自宅を出て九州へ行くことにしました。なぜ九州の地を選んだかと言うと、友人との九州旅行で現地に知り合いもでき、「移住するなら九州」と決めていたからです。

思い立ったが吉日、すぐ行動に出る私です。恐怖体験から逃れるように、九州での生活が始まりました。

奈良の実家は踏み切りが近くにあったせいで、カンカンという踏み切りの音がいつも部屋中に響きわたり、電車が通るたびに騒音と振動が伝わってきました。

それに比べて、九州の新しい住居は周囲にほとんど人家がありません。人や車の往来もなく、目の前にはプライベートビーチが広がり、聞こえてくるのは鳥のさえずりと波の音だけ。辺境の地ではありますが、そんな静かな環境が気に入って選んだ場所でした。もちろん、幽霊がいないことも確認済みだったので、怪現象に悩まされる心配もありません。

そこは「超」が付くほどの田舎町でしたが、日差しを浴びながらビーチを散歩するなど、豊かな自然の中で穏やかに過ごすことができ、いつしかアルバイトができるまでに体調も回復しました。

約2年を過ごした九州滞在中、九州地方にある神社をいくつか巡りました。元気を取り戻した私は、「神様に会いたい」「神様のことをもっと知りたい」という思いが自然と募ってきたのです。

それまでは、神社を詣でる機会といえばお正月くらいでしたが、九州にある神社各社を巡るうち、その場所の「気」がそれぞれ大きく異なることに気づかされたのです。

心身が洗われるような清らかな場所もあれば、気分が悪くなったり、体がつらくなる場所もありました。この違いが何なのかを見極めるために、私はいっそう神社詣でに励むようになったのです。

病院で全身の検査を受ける「ミニ・ジェットコースター？」

九州の田舎暮らしで体調が回復した私は、勇気を振り絞って、家族のいる奈良の実家へ戻りました。そして、再び幽霊の存在に悩まされることになります。

夜な夜な幽霊を見ることで体調は再び悪化し、これまでになくつらい状態に追い込まれてしまったのです。

問題の根本原因を取り除かなければ、この先、家族と一緒に暮らすこともできなくなる。そう思った私は、「自分の心や体に何らかの原因があるのではないか」と疑い、ある有名な病院の精神科を受診することにしました。

診察の際、これまでのいきさつを説明すると、医師からは「精神病ではない」との診断でした。心よりも体のほうが相当まいっているので、そちらを治療するのが先決だと言われ、院内にある心療内科へまわされました。そこでさまざまな薬を処方されましたが、服用しても体調がよくなるどころか、吐き気や胃痛などの副作用に見舞われ、体調はしんどくなる一方でした。

別の日には、院内のめまい外来でも検査を受けました。太レンズの眼鏡をかけ、右耳と左耳のそれぞれに薬品を入れ、頭部をグルグルと揺らした状態で医師に「どうですか!?」と聞かれるのです。

続いて、見たこともない（ミニ・ジェットコースターのような）医療機器に乗り込んでの検査です。ハンドルを力いっぱい握りしめ、スタートしたかと思うと、はい、きました！

上下左右360度、ガンガン回転するではありませんか！

医師から「どうですか!?」とたずねられましたが、冷静に答えられる状態ではありません。「どうですかってぇ!?」と私が聞き返すと、「だから、どうですか!?」とくり返し聞いてきます。「つらくて気持ち悪いですぅ～」と答えるのが精いっぱいでした。

めまい外来でのミニ・ジェットコースター的な検査は、気持ちが悪くなっただけで体調不良の原因を突き止めるにはいたらず、「とくに問題なし」「正常の範囲内」という検査結果に終わりました。

それでもまだ自分の心身への疑いが晴れていない私は、続いて、院内の脳神経外科を受診し、ＭＲＩ検査を受けました。

さらには、別の病院にある循環器外来で24時間心電図を付けっぱなしにする心臓の検査も受けました。しかし、いずれの診断も「とくに問題なし」「正常の範囲内」でした。

今度は、知人から「脳内の活発に働いている部分がわかる検査」があると聞いて、さっそく受けにいきました。その病院で自分の脳波を測ってもらいましたが、一般の人より右脳が活発に働いているものの、異常な数値ではありません。ここでも「とくに問題なし」「正常の範囲内」という結果だったのです。

現在ではセカンドオピニオンやサードオピニオンという考え方が一般化していますが、ひと昔前には、かかりつけ医の診断一つで納得することが当たり前でした。

しかし、長く続く不調の原因をどうしても知りたかった私は、お金が続く限り、病院をはしごして検査を受け続けました。それでも、残念ながら不調の原因を明らかにすることはできなかったのです。

多くの検査を通してわかったのは、目に見えない存在を感知するからといって、心や体に何か問題があるわけではないということ。幻覚・幻聴・妄想などの症状がある統合失調症や、自分の中にいくつもの人格が現れる解離性同一性障害などが疑われたことは一度もありませんでした。医師たちからは、心身ともに異常なく健康そのものだと診断されたのです。

入院生活と幽体離脱
「幽霊さん、いいかげんにしてよ!」

問題が解決しないまま、日を重ねるごとに食事が喉を通らなくなりました。

家族は、食事が進まない私を見て心配し、「ちょっとでも、ごはんを食べないかん」と何度も言ってきましたが、食べたくても体が受け付けないのです。

しんどさに耐えられず、とうとう入院することにしました。

そんな私に追い討ちをかけてきたのが、またまた幽霊さんでした。入院病棟には未成仏霊がうごめいていたのです。「もう、やめて！　いいかげんにして！」と何度思ったことでしょう。

消灯後に病室のベッドで寝ていると、何かの気配がします。その方向へ意識を集中すると、ベッドの脇に立ち尽くす（死んでいるはずの）女性が、私のほうをじっと見ています。薄汚れた入院着姿の60代くらいの方で、寝ている私に「助けてほしい」と言ってくるのです。その幽霊だけでなく、カーテンの向こう側にはたくさんの未成仏霊がいることもわかりました。

そんな出来事が毎晩ひっきりなしに起こるのです。これでは心身を休めて治療に専念できるはずもありません。

入院中は、恐くて眠れない日々が続きました。

このままでは体調が回復するとは思えなかったので、「よし、ゆうたる！」と自分に喝を入れ、主治医にこう訴えました。

「毎晩、私の枕元に幽霊が立つんです。それが見えるんです！」

すると、主治医から睡眠薬が処方されました。

そりゃ、そうやな。お医者さんが、「はいはい、わかりました」と幽霊退治してくれるはずないわ。そう自分に言い聞かせながら、他に選択肢のない状況下で、処方された睡眠薬を飲むことにしました。幽霊に取り囲まれる夜は、もううんざりだったからです。

睡眠薬を飲んで寝ようとした夜のこと。ベッドに横になったとたん、なんと肉体から自分が抜け出ていくのがわかったのです。

「わぁ、幽体離脱や！」と思っていると、抜け出て空っぽになった肉体を、もう一人の自分が見下ろしているではありませんか。そして、抜け出た自分のほうは、空中でグルングルンとでんぐり返しを始めたのです！

翌日、この不思議な出来事について私は考えました。

睡眠薬の副作用で起こった現象だとは思うけれど、もしかしたら別の理由があるかもしれない。しっかり検証する必要があるだろう……と。

そこで私は、幽霊さんに悩まされることを覚悟の上で、その夜は睡眠薬を飲まずに寝ました。すると、幽体離脱の現象は起こりませんでした。

さらに検証を進めるため、３日目の夜に睡眠薬を飲んで寝ると、「はい、来ました！幽体離脱」。またまた肉体から自分が抜け出るではありませんか！

やっぱり薬が原因だったか

幽体離脱させる薬って、強烈やなぁ～

それ以来、睡眠薬は飲まないようにしましたが、「どんな薬を飲ませよるねん」と心の中で呟いたことをよく覚えています。

体質的に、一般の人よりもはるかに敏感な私は、少量の薬を服用しただけで肉体への影響が大きく出るようです。私のように敏感でなければ、薬を飲んでもその影響を体感しづらいかもしれませんが、実際には感じていないだけで、みなさんにとっても服薬の肉体的影響は相当あるのではないかと思っています。

入院して10カ月ほどが経ちましたが、体調は一向によくなりません。医師の指示にはきちんと従い、模範的な入院生活を送ってきたものの、食事がほとんどできず、水や少量のジュース、点滴でいのちをつないでいる状態でした。

このまま入院を続けても回復する見込みはないと思った私は、主治医と相談して退院することに決めました。なぜなら、幽霊のたくさんいる病院で夜を過ごすよりも、自宅にいたほうが「まだマシ」だったからです。

もちろん、自宅での怪奇現象は相変わらず続きました。たとえば、就寝中に犬の唸り声が聞こえ、目を開けると、未成仏霊となった黒い犬の顔が間近に見えたこともありました。

幽霊におびえ、人知れずそれと戦い続ける日々はもううんざりでした。神経が擦り切れ、体重も大幅に減り、心も体もヘトヘトな状態でしたが、それでも絶望しなかったのは、「清らかなもの」の存在を傍らに感じていたからに他なりません。

耐えて踏ん張り続ける中で、私は改めて「神様」について意識するようになりました。「神様とは何か」を知るために、いくつかの宗教団体の門を叩いて講義を受けたこともありました。

しかし、私の感じている「清らかなもの」の存在とはどこか違ったのです。

神社で神様の声を聞く「霧が晴れ、晴れ渡ります」

自分にとっての神様とは何か？という問いと向き合ったとき、子どもの頃からお正月などに訪れていた地元の神社が思い浮かびました。

そう、神様といえば神社です。奈良県には有名無名問わず多くの素晴らしい神社仏閣が点在しています。九州に住んでいるときに神社巡りをしていた私は、その流れで、奈良にある神社を片っ端からお詣りすることにしました。

そして気づかされたのは、九州のときと同じように、神社によって体感がまるで違うという事実でした。ある神社では頭痛や動悸、息切れ、吐き気などに見舞われました。またある神社では体が軽くなり、清々しさを感じたのです。

神社に神様がおられることをはっきりと感じてはいましたが、当時の私には、まだ神様のお姿が見えてはいませんでした。神様に話しかけても、何も答えてはいただけなかったのです。私の集中力が乏しかったため、神様からの言葉をキャッチできなかったのでしょう。

奈良県の神社を訪ね始めてしばらく経った頃のこと。ある神社を参拝した際に、私は初めて神様の声を聞きました。

鳥居をくぐると、境内一面に霧が立ち込めていました。足元はクリアなのに、なぜか腰から上が深く煙っています。不思議な状況に首をかしげながらも、拝殿の前で静かに手を合わせると……突然、声が聞こえてきました。

あたりを見渡しましたが、境内には私以外、誰もいません。

再び静かに手を合わせると、「霧が晴れ、晴れ渡ります」という玲瓏《れいろう》たる声が聞こえてきたのです！

この日以来、どの神社でも神様の声を聞くことができるようになりました。たくさんの不思議体験を積み重ね、試練に立ち向かったことで、私にもようやく清らかな神様の存在をキャッチするだけの集中力が培われたのです。

体を清める力「他人の体の調子を整える！」

神様の声が聞こえるようになってから、さらなる不思議な現象が起こり出しました。

一つは、人の体に黒い影が見え始めたのです。

知人と向かい合ったとき、その方の左の腰部分に黒い影が見えました。私が「左の腰に何か違和感がありますか？」とたずねると、相手は「左の腰が痛くてねぇ」と答えます。

そのとき私は、何らかの疾患がある場合、その部分が黒く見えることに気づかされたのです。そして、患部と思われる場所に私が手を当てながら「この方が元気になりますように」と心で願うと、状態がみるみるよくなることもわかりました。


いまでは私の手のひらから発する「気」によって、相手の心身が回復することを理解していますが、当時の私は学習の途中であり、癒しの経験を積み重ねながらその理解を少しずつ深めていくしかありませんでした。

人を癒すことのできる自分の能力に対し、「これは本当なのか？」「思い込みではないのか?」という疑いの気持ちを常に持ちながら、私の手当てによって実際に状態がよくなるケースを目にするたびに使命感のようなものが芽生え、それを〝やらない〟という選択はできませんでした。

幼い頃から「人の役に立ちたい」と思ってきたこともあり、深刻な問題を抱える方々を積極的に癒そうとしてきた時期もあります。相手に手を当てると、同じような痛みやつらさを自分も引き受けることになりますが、目の前の方が少しでも楽になることをいちばんに考え、ご依頼を受けてきたのです。

次第に、自分の肉体にも異変が現れるようになり、誰かの手当てをすると、自分が引き受けた痛みやつらさが翌日まで持ち越されるようになりました。

手当てをする相手がいくつもの霊に取り憑かれていたり、未成仏なご先祖がおられるケースも少なくありませんでした。そのような方はさらに穢れた「気」を発しています。そういった「気」の影響をダイレクトに受けてしまうのです。

不調で苦しんでいる方々に少しでも元気になってもらいたい。その一心から始めたことでしたが、しばらくして自分の体がもたなくなり、人に直接触れる行為を中止せざるを得ませんでした。

清らかな「気」をコントロールする能力が飛躍的に高まった現在では、離れた場所から手当てができるようになりました。ご希望の方には、遠隔による「お清め」や「お祓い」をさせていただいています。

神様のお姿を見る「助けてください？」

体調不良の原因を解明するために、たった一人で始めた奈良での神社巡りでしたが、ある神社では気分が悪く、体がつらくなります。「何なんや？」と思いながらも、その神社に清らかな存在がおられることを体感としてわかっていたので、その神様と出会うために足しげく通っていました。

そんなある日のこと、私はついに神様のお姿を拝見したのです！

いつものように木々がうっそうと茂った長い参道を進み、拝殿に立って「神様、どうかお助けください」と静かに祈ると、次のような声が聞こえてきました。

「助けてください」

えっ、どういうこと……!?

神様が、人に助けを求めるわけがないやん！

反対やろ？　どういうこと!?

それはまさに救済を願う神様の声でした。私は混乱しながら、自分がキャッチした情報（声）を精査しました。この汚れた世界で苦しみ、しんどい日々を生きることを余儀なくされているのは私のほうだ。私が助けてほしいと思っているのに、どうして!?

これまでも数々の場所を訪ね歩き、多くの人と出会い、次は助かるのか、問題は解決するのか、どうすればつらく苦しいことから解放されるのか。そう思いながら必死に踏ん張ってきた私が、やっとの思いでこの神社にたどり着いたのです。

逆やでぇ〜

私を助けてよ、神様！

そう心の底から願いました。

もう一度、静かに心を鎮め、意識を集中させて神様の声を聞いてみると、「助けてください」という声が何度も聞こえてきます。

神様、ちょっと待ってください。しんどくて助けてほしいのは私やけど……と心で嘆きながらも、「何とかせなあかん、神様が助けてくれ、ゆうたはる」「何とかせなあかん」と思いました。

拝殿には神様の存在を感じていなかったので、境内のどこかにおられると思い、神様のお姿を探しました。

多くの参拝者で賑わう広い境内で、集中力を切らさずに歩きまわることは心身ともに相当なエネルギーを使います。時間をかけて一つひとつの摂末社を訪ね、祠に向かって集中しました。そして、ある小さな祠の前で初めて神様と対面したのです！

そのお姿を拝見したときは、心底驚きました。なんとなんと、髪の毛はボサボサ、お召し物はボロボロ……。

え〜っ、何なの!?

これが神様って、どういうこと!?

目の前にたたずむ神様のお姿があまりにもひどいものだったので、いま見えている存在が本当に神様なのかどうか疑いそうになりました。

しかし、きらびやかな装いとはかけ離れていても、その存在からは神様独特の清らかな「気」を体感できました。だからこそ、私は神様だと確信が持てたのです。未成仏霊が放つ穢れたまがまがしさや、人間が放つ重苦しさとはまったく異なるものでした。

こうして神様を見つけることはできたものの、今度はどうやってお救いすればよいかわかりません。その方法を教えてくれる人は誰もいないため、自分で考え出さなければなりませんでした。

人とは違う感性を持ち、不思議な体験を積み重ねながら、生まれ持った特殊な能力を磨いてきた私にとって、「気」を扱うことはそう難しいことではありません。しばらくして、これまで手当てによって人を癒してきた経験から、目の前の神様を救済する名案が思い浮かんだのです。

まずは祠内から自分の手のひらにその神様を移動させます。ゆったりとした鼻呼吸で心を鎮めながら、手のひらの神様に意識を集中させ、自らの清らかな「気」を神様に当て続けます。

気力体力のある限り、何時間もこの作業を続けましたが、その日のうちに神様を清めることはできませんでした。閉門時間となり、いったん元の祠にお戻しして神社を後にしたのです。

疲労困憊でしたが、帰宅後は気力を振り絞ってセルフケアを行い、翌日の作業に備えました。

翌朝には再び神社を訪れ、祠の前に立つと、昨日と同じように神様を手のひらに乗せて清らかな「気」を延々と当て続けたのです。

すると、神様のお姿が少しずつ変化してきました！

ボサボサだった髪の毛はツヤツヤに整い、ボロボロだったお召し物は上品できらびやかなお召し物に変わったのです。
すでに私はヘトヘトな状態でしたが、神様が本来あるべきお姿に戻られたことに喜びが込み上げてきました。

神様「ありがとうございます」
大川「どういたしまして。このあとは、どうすればよろしいですか?」
神様「拝殿にお戻しください」
大川「はっ、拝殿? 承知いたしました」

拝殿に着いた私は意識を集中させ、静かに「気」を感じてみました。すると、とんでもなく邪悪な存在が穢れた「気」を放ちながら、拝殿内をのそのそと歩きまわっているではありませんか!

なんや、この存在は!? どうすんねん!!

ホンマに体がきついねんけど……

一瞬たじろぎ、そう心の中でつぶやきながらも、自分がやるしかありません。拝殿を乗っ取っている何かを追い出さなければ、神様をお戻しすることができないのです。気力と体力を振り絞って、その穢れた存在と対峙しようとしましたが、疲れ切ってしまい、この日はあきらめて帰宅せざるを得ませんでした。

歩くこともままならないズタボロな状態で帰宅した私は、布団に倒れ込みました。横になっても、気力と体力はなかなか回復しません。

次は長期戦になるかもしれないと思うと、気持ちが焦りました。

気力と体力の回復には数日かかり、すぐに神社へ行くことはできませんでした。「なんで私なの？」「もう勘弁してよ！」とつぶやきながらも、その一方で、あの穢れた存在をどうやって拝殿から追い出すか、必死に策を練り続けました。

穢れた存在に意識を集中させることは肉体への負担があまりに大きく、最後まで耐えられる自信がありませんでした。

いったいどうすれば、気力や体力を持続させ、耐えしのぐことができるのだろう……。

数日が経ち、明確な答えが見つからないまま、私は再び神社を訪れました。いよいよ穢れた存在と対峙するときを迎えたのです。


神事とはいえ、たくさんの参拝者がいる中で拝殿に長く居留まるわけにはいきません。そんなことをしたら神社の関係者や他の参拝者に不審がられてしまいます。

私は、拝殿での作業を断念しました。

こんなときは、肉体という「容れ物」があることをじつに煩わしく感じてしまいます。人目につきやすいというだけでなく、肉体があることで神事の際の負担は増大し、ときにはいのちを失う事態にもなりかねないからです。


拝殿に立った私は、勇気を奮って、拝殿に居座る穢れた存在と向き合いました。そして、その存在のサイズを小さくし、手のひらに乗せました。速やかに拝殿から立ち去り、境内の目立たない場所へと移動したのです。

穢れた「気」を受けた私の体は悲鳴をあげていましたが、どうにか心を鎮めて意識を集中させ、手のひらの存在に対して清らかな「気」を当て続けました。

その作業を半日続けると、ビリビリと感じていた穢れた「気」が徐々に治まり、閉門時間となる頃には消えたのです。邪悪な存在は、まったく穢れのない状態まで清まりました。

それは仏教用語で言う「成仏」であり、人への影響が「プラスマイナスゼロ」の状態になったと言えるでしょう。


穢れた「気」を受けながら神事を行ったことで、私の心身はボロ雑巾のようでしたが、やっとの思いで神様を拝殿にお戻しすることができ、心から安堵しました。

すると神様は、「ありがとうございました」とおっしゃいました。

私もお礼を述べ、ご挨拶を済ませると、1秒でも早く帰って休みたいという心境で神社をあとにしたのです。

死からの生還「つらい、しんどい、でも生きる」

質の高い清らかな存在から未熟で穢れた存在まで、幅広いレベルのものを体感できるようになった私は、それと同時に、見えないものを見る（霊感）スイッチのオン／オフのしかたを身に着けました。つまり、能力を使うときと使わないときの切り替えができるようになったのです。それによって幽霊に悩まされたり、人の想念が自分の中に流れ込むことは極端に減りました。

特殊な能力を少しずつコントロールできるようになった私ですが、神様のお姿が見えるようになった当初は、まだ頭の整理がつかず、戸惑うことも少なくありませんでした。いずれにせよ、神様から与えられた役割をしっかりと果たすためには、自分をより清らかな状態に保たなければなりません。そのため、当時の私は適量の水分とわずかな食事しか取っていませんでした。

そんなある日、また事件が起こりました。

神様をお救いしたはずの神社に再び参拝したときのこと。長い参道を進んで拝殿に立ち、静かに手を合わせて神様をお呼びしました。

すると、何ということでしょう！　出て来られた神様は、以前と同じく髪の毛はボサボサ、お召し物はボロボロのお姿だったのです。

いったい何が起こっているのか……。目の前の状況を把握できず、私は激しく動揺しました。

えっ、どういうこと!?　またこんな状態になっているの？

このあいだ、せっかく苦労して神様を助けることができたのに……

もう、体力的にも限界やでぇ

これ以上やったら、私のほうが壊れてしまう！

そう心の中で叫びながらも、「何とかせなあかん」「神様を助けなあかん」と気持ちが焦りました。自分の役割をしっかりと認識している私は、肉体や精神の限界を超えてまでも神事を優先するようになっていたのです。

以前と同じように意識を集中させ、清らかな「気」を神様に当て続けました。

しばらくすると、ボロボロの身なりだった神様は、本来あるべき清らかな状態になられました。私は最後の力を振り絞り、拝殿へお戻ししました。


元気になられた神様に、このような状況になったいきさつをうかがったところ、その原因は2つあるとおっしゃいます。

一つは、人間から発せられる「気」によって境内が穢れていること。もう一つは、神社がしっかりと守られていないということでした。

それを聞いた私は、「自分一人の力ではどうにもならない」と落胆するしかありませんでした。

邪悪な存在を清めるだけでも気力や体力は限界だったのに、広大な敷地の神社全域を祓い清めることなど、私にはとうてい無理だと思ったのです。

日々たくさんの参拝者が訪れる境内には、相当な量の想念と肉体から発せられる穢れた「気」が渦巻いています。清らかな世界におられる神様ならまだしも、肉体を持って穢れた環境の中に生きる私が、たった一人で祓い清めることはあまりにもリスクが大きかったのです。

神社全域を祓い清めるためには、結界を張る必要があります。たくさんの神社を巡ってみた中で、結界により守られている神社など、当時はほとんど見かけませんでした。

私は、秘策を練るために何人もの能力者と言われる方々と会い、ヒントを求めましたが、納得できる情報を得ることはできませんでした。世の中には頭の知識だけで活動している自称能力者も珍しくなく、逆に、「知識だけで神社を祓い清めることなどできない」ということを学ぶよい機会になりました。

私と同じく、清らかなものから穢れたものまでを繊細に体感でき、膨大な情報量を瞬時に処理するだけの心と体の容量を備えている人物。そういった能力を持った人の協力を得ない限り、実行は不可能だと確信しました。

しかし、そのような逸材と出会うことは至難の業であり、どうしたものかと頭を抱えるしかなかったのです。

神様には、その後も2度に渡りお清めをさせていただきましたが、神社が穢れたままでは、またすぐに元の〝やられた〟状態へ戻ってしまわれます。とはいえ、神社全域に結界を張って清めるだけの力も、当時の私は持ち合わせていない。肩を落として神社をあとにするしかありませんでした。

帰宅後も食事が喉を通らず、横になるだけが精いっぱいでした。

幾多の修練を積み重ねてきましたが、目に見えないものの情報量があまりに膨大で、当時の私の処理能力ではさばき切れず、もはや満身創痍。あたかもコンピュータがフリーズするかのように心のバランスを崩し、肉体は破綻寸前でした。

数日経ったある朝のこと。目が覚めると、体を起き上がらせることができません。意識がもうろうとして再び眠りに入り、また目が覚め、まどろみながら腕をさすりますが、やはり体を起こすことができません。結局は、そのまま深い眠りにつきました。

じつは、このような状態をくり返しながら、私は約2週間も昏睡状態が続いたそうです。家族はそのあいだ水とジュースを口に含ませてくれていましたが、私の死を覚悟するほどの事態だったと言います。

薄れゆく意識の中で、肉体から（魂とも言うべき）私の中身が抜け出ました。グルグルと旋回しながら渦状に昇っていきます。

私、死んだな

死ぬって、あんがい簡単なんだな

おぼろげな記憶の中で、そんなふうに感じていたのを覚えています。

渦を昇り切ると、まぶしい光が射し込みました。その方向へ近づきながら、なぜか涙があふれてきました。

自分の死が怖かったわけではありません。私の死後、残された人たちの悲しみを思うとつらくてたまらなかったのです。

そして、まばゆい光の中に溶け込もうとしたその瞬間、「死ぬな!!」という野太い男性の声が響き渡りました。

それを聞いた私は、「そうだ！　死ぬわけにはいかない」と気づきました。と同時に、私の中身がスッと肉体へ戻ったのです。

意識を取り戻した私は、「えらいこっちゃ、死んだらあかん、死んだらあかんやん！」と自分に言い聞かせ、生きる方法を真剣に模索しました。

久しぶりに鏡を見ると、そこに写っているのは痩せ細って衰弱した体、疲れ果てた老婆のよう顔だったのです。

私は、声にならない声を力いっぱい絞り出し、「お医者さんを呼んで、点滴してもらってほしい」と家族に伝えました。

知り合いの医師による1日2回の訪問診療で点滴を受けながら、消えかけたいのちの灯火を必死で守りました。その甲斐あって体力は徐々に回復し、水分以外の食事も取れるようになったのです。

この出来事をきっかけに、特殊な能力を使うことには慎重にならざるを得ませんでした。自分のことであれば、いのちを危険にさらすような選択はしないはずなのですが、私の場合は自分よりも神事が優先されます。能力を使うことで穢れた「気」を受け続け、知らず知らずのうちに肉体の限界を超えてしまうのです。錯乱したり、発狂してもおかしくないレベルの苦しみを味わいながらも、神様をお救いするためには、自分の苦痛など二の次になります。

正直、死んだほうが楽だったかもしれませんが、私は生きることを選択しました。

能力と肉体のバランスを取ることは容易ではありません。しかしながら、肉体を持ってこそのお役目であることを理解しています。私は、自らの過酷な運命を受け入れ、それに耐えられるだけの心身の強化に励もうと決意しました。

理解しやすい神様の世界
「清らかなことが当たり前！」

神様とは、「人間が正しく進化して肉体を持たなくなった存在」と言っても間違いではありません。幼い頃から汚いものが受け入れられず、肉体に対して強烈な違和感を持ち続けてきた私は、人間よりもはるかに神様を身近に感じ、清らかな世界にも大変馴染んでいました。たぶん清らかな世界にいた頃の情報を持ったまま、この世に生まれてきたのでしょう。
そのため、神様の思いと共鳴することは多々あります。たとえば、「すべてのいのちは一つにつながっている」という感覚ですが、私にとっては、誰に教わらなくても理解できる疑いようのない真実です。まさか、その常識を理解しない人がこの世にたくさんいるなんて、とても信じられませんでした。

人間は、私にとって疑問だらけの存在です。とはいえ、これまでずっと客観的な立場で人という生き物を観察し続けてきたので、いまでは通常の理解度を超え、「人間のことは知り尽くしている」という一面もあります。

そんな私も、肉体を持っている以上は「人間」に他ならないわけですが、神様との共通の情報を持って生まれてきたという点からしても、普通の人間とは明らかに異なることをご理解いただけるでしょう。

肉体を持っている以上、私は五感を通じて物事を理解します。知識ではなく、体感を手がかりとしてこの世のさまざまなことを学んでいます。清らかな心と体であるからこそ、神様の意識が自分の中に流れ込んできて、自然と行動が促されるのです。

みなさんにお伝えしている目に見えない世界の情報も、当然ながら本やネットから得たものではなく、生まれ持って知っていることと、体験を通じて腑に落ちたことがほとんどです。

神様は、「自らの体験だけが真実になる」と教えてくださいました。

それを日々実践している私は、驚くような不思議体験に見舞われても、すぐに「これはどういうことですか？」などと神様に答えを求めることはしません。身に起こる出来事はすべて自らが情報を精査し、予測を立て、納得のいく答えを導き出しています。

知識は、体感とのバランスが取れてこそ役立つもの。頭の理解ではなく、体で覚えて初めて、その物事が血となり肉となる。そして、経験を積み重ねることで感性が磨かれ、目に見えない世界の情報を受け取る能力も養われていきます。こうして幼い頃から神様に鍛えられてきましたが、それには清らかさを保ち続けることが前提条件でした。

神様の名前についても、神社巡りを始めた頃はほとんど存じ上げていませんでしたが、さまざまな神様と出会う中で、知識と理解を深めていったのです。神様に直接おたずねするだけでなく、ときには境内の立て看板で情報を得て、ときには古事記や日本書紀をひもときました。

人間は一生かけて成長しますが、ほとんどの場合、魂が完成することなく生涯を閉じます。向上心を持ち、驕り高ぶらずに努力し続けることが、このいのちをいただいた礼儀ではないかと思っています。

未来の記憶と東京での生活

日本の首都である東京は、私にとってまさに汚穢《おわい》にまみれた街。日本の中でもっとも汚れている場所と言っても過言ではありません。そんな東京に移り住んだいきさつは、未来の記憶にあります。

未来の記憶とは、これから自分に起こることがジグソーパズルのピースのように、断片で見える能力のことを言います。

それによってわかったのは、神様をお救いして、神社を本来あるべき状態に戻すというお役目のある人物が、私以外にもいるということでした。当時その人は東京に住んでいて、私が東京に移り住むことで出会うことになっていたのです。

東京という穢れた環境から清らかな身を守るには、体の各部位を硬結《こうけつ》させながら耐えしのぐ生活を送らなければなりません。

こんなところで暮らさなければならないなんて、どれほどの苦難が続くのだろう……と、私は自分の運命を嘆きました。

自分のためであれば、いのちの危険を冒してまで穢れた環境に移り住もうとは思いません。ましてや、一度はあの世の一歩手前まで行った身です。及び腰になるのも当然でしょう。

それでも神様をお救いし、神社を祓い清めるためには逃げるわけにもいきません。自らの使命をまっとうするには、未来の記憶にある人物と東京で出会う必要があるのです。こうして受難を背負い、私は決死の覚悟で上京してきました。

人が多くて悪い「気」が漂う東京での暮らしは、私にとって地獄にいるようなものでした。息苦しく、動くこともままならず、食事を取ることも困難を極めました。それでも多くの経験を重ねたことで生き抜く力が養われたのか、ギリギリのところで心身の安定をはかり、耐え抜くことができていました。

通常ではあり得ないことなのですが、東京に移り住んだ約3年のあいだ、私はほぼ水分を摂取するだけで生きてきました。このような常人の域を超えた私の暮らしぶりをみて、食事を取らないこと自体が神懸っているとの理由から、清らかな世界について興味を持たれる方も少なくありませんでした。

私の肉体は、著しく穢れた場所では食事を受け付けません。ときには体力の限界を超え、その場で倒れて救急車で搬送されることもありました。

そんな状況下で生き延びる方法を懸命に模索しながら、ようやく日々を過ごしていたある日のこと。運ばれた先の病院で、ある栄養士さんと出会いました。

彼女からは、固形物を取らずに必要な栄養をまかなう方法を教わりました。さまざまな種類の飲み物をうまくチョイスすれば、偏りのない栄養が補給できることを知り、当時の私は大いに救われたのです。

こうして東京でも数々の出会いを経験しましたが、未来の記憶によってその存在を知らされた能力者とは、いつどのようなタイミングで出会うのか見当がつきませんでした。私には、漆黒の闇の中で原石の小石を探し出すような途方もないことに思えたのです。あきらめかけていたとき、その能力者との出会いはあっけなく訪れました。長い道のりでした。現在は東京を離れ、ある田舎町で、同志であるその方と一緒に穏やかで慎ましやかな日々を過ごしています。

じつは身に起きた過酷な出来事を文章につづることも、本来であれば耐えがたい行為なのです。とくに恐怖体験は、それを思い出すだけでネガティブな影響を受けやすくなるため、こうして記録を残すことができるのは、自分の使命感に加えて、何か大きな力に守られているからに他なりません。

さらには、恐怖を覆い尽くして余りあるほどの大きな愛情も常に感じています。神様からの愛のサポートにより、長い年月をかけて強靭な精神と肉体を養ってくることができたからこそ、こうして本の執筆がかなっているのだと実感しています。

第2章

あなたも神様の清らかな力を受けられる

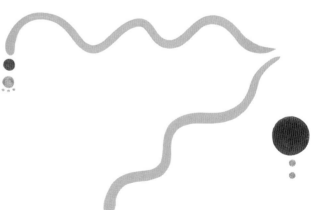

神様とは、清らかさのシンボル

神様は、架空な存在もしくは自分の内側だけに感じられる存在ではありません。この空間に確かにおられる「清らかな存在」だということを、まずはお伝えしたいと思います。

神様と言えば、そう、神社です！

日本全国には8万社以上の神社があります。そのうち本来あるべき状態が保たれた神社には、神様がおられます。そのような神社で私が神様をお呼びすると、あえて人間のお姿をして現れてくださいます。ただし、人間のような生々しさはなく、半透明のベールをかぶったような清らかで軽やかな印象です。

さらに、神様のお召し物はとてもユニークで、過去さまざまな時代や場所の衣装を反映しています。

神様のお姿について天照大御神《あまてらすおおみかみ》におうかがいしたところ、「過去の時代に、誰かが見た神様」と同じお姿なのだそうです。

この「誰か」とは、さまざまな時代に生きていた、目に見えない世界を感知する能力を持つ人たちのことを指します。

たとえば、戦国時代を生きた人が見た神様であれば、武士のようなお姿をしています。弥生時代を生きた人が見た神様であれば、当時の高貴なお姿をしています。それぞれの時代に現れた神様のお姿を、私はそのまま見せられているようなのです。

現代よりも自然が豊かで生態系が守られ、人工物も少なかったいにしえの時代には、人間が清らかな神様を感じることはいまほど難しくなかったように思います。

ただし、徒歩などの限られた移動手段しかなかったので、全国各地にある神聖な場所を巡ることは不可能だったかもしれません。たとえ清らかな人であっても、一生のうちに複数の神様と出会えるチャンスはなかったでしょう。

そこで現代を生きるみなさんには、本書を通じて神様との絆を取り戻してもらいたいと願っています。１００年後や１０００年後を生きる未来の人たちに遺すギフトとして、私が感じ、見ている清らかな神様のお姿を描かせていただきました。

第３章では、私がお会いした神様たちをイラストでご紹介していきます。

すべての神社やお寺が聖域とは限らない

近年のパワースポット・ブームに乗り、テレビや雑誌、インターネットなど多くのメディアでは、全国各地の神社がひんぱんに取り上げられています。それによって参拝者が増えることは喜ばしいのですが、神社の観光地化はよいことばかりではありません。やたら神社へ行く人が増えれば、そのぶん空間が穢れることの要因にもなるからです。

神社とは、神様がいらっしゃるところ、おはしますところ。本来であれば敷居の高い、特別で神聖な場所なのです。そういった意味合いを理解することなく、ただパワーをいただきたい、御利益にあずかりたいという理由だけで参拝するのは、神様に対して大変失礼な行為だと考えます。

ここでパワースポットについて少し触れてみましょう。

パワースポットの「パワー」には、じつにさまざまな種類があります。感性の乏しい方が「ここからパワーが出ている」とおっしゃられても、そこからは何のパワーも出ていないことが往々にしてあります。かりに何らかのパワーが出ていたとしても、それにはよいパワーもあれば、悪いパワーもあるのです。

すべてのパワーがよいものとは限らず、ときには未成仏霊が強力で陰湿なパワーを出すこともあります。何も感じないという方は、そのような知識だけでも持っておいてください。

神様とは、私たちの本来あるべき姿や行くべき道を指し示してくださる存在です。逆に言えば、私たちを導くために神様は存在しているのです。人間の個人的な欲望を叶えるために働いておられるわけではありません。

さぁ、ここで視野を広げてみてください！

私たちは肉体を持ってこの地球に生を受けました。数十億年もの地球の歴史からみれば、私たちの一生などわずか一瞬に過ぎません。ほんの少し地球にお邪魔させてもらっている程度のことなのです。

そんな人生を通じて私たちは成長し、進化し、ときには子孫を残します。

また、人間はさまざまなものを創り出しますが、なかには地球にとって害になるものも珍しくありません。たとえば、自然を味わうために山登りを楽しむ一方で、山を汚していく登山者のように、私たちもこの地球に生まれながら、地球を汚してこの世を去っていくのです。

本来であれば、地球のため、後世のために、私たちは徹底して環境を保全する役目があるのですが、残念ながら、現代人は神様の差し示す「本来あるべき人間の姿」から逆行しています。

現代社会では、環境とともに人間も汚れているため、その影響を受けて、多くの神社では清らかな神様が出て来られない状態にあります。神社自体がしっかりと管理されていないことも理由の一つです。

同じように、お寺でも穢れた人や社会からの影響を受けています。仏様の意識が入った仏像もあれば、穢れた存在が棲みついた仏像もあります。

このように、神社仏閣のすべてが聖域とは限りません。「この神社、何だか気持ちが悪い」「この仏像、生々しい」「何かへんな感じがする」という経験をされた方も少なくないでしょう。信じがたいことですが、神社を参拝して清らかな神様にお会いすることは、いまや稀有なものなのです。

神様は、万能ではありません。人間と同じように限界を感じることも多くあります。

また、私たちが怪我をしたり病気にかかるように、神様も汚れた「気」によって〝やられてしまう〟ことがあります。本来の印象とは異なる、見る影もないお姿をされている場合、その神様は正しい力を発揮することができません。当然ながら、私たちを守っていただくこともできません。

次に、神様が〝やられてしまう〟原因を３つ挙げてみましょう。

①神さま同士のご事情によるもの
②人間から発せられる穢れた「気」
③中途半端な能力者による間違った認識や行動

多くの場合、②の理由によって清らかな神様は人間の前に出ることができなくなっています。③が理由の場合には、能力を持つと言われる方が、神様だと信じ込んで穢れた存在を崇め祀るケースなどがあります。こうした人間の無知な行動が、神様に悪影響を及ぼしているのです。

その事実を知った私は、ぜひ神様を守らせていただきたいと強く思いました。いや、神様を守らなければ人間はさらに狂い、滅びてしまうと確信したのです。

現代人は、本来あるべき人間の姿ではなく、それよりもずっと退化した「穢れた生き物」の位置にいます。

神様は人間のために手を差し伸べてくださいますが、両者の距離があまりにもかけ離れてしまっているため、いまでは人間の前に出ることすらままなりません。

私たちが暮らす環境は、豊かな自然が少なくなり、人工的な建物ばかりに取り囲まれています。そして空間は、人工物から発せられる穢れた「気」で覆われています。このように自然とのつながりが大幅に減ったことも、人間が退化した要因と考えられます。

ひどい状況下で暮らしている私たち人間に対し、いかなるときも神様は「力になりたい」と願っておられます。

しかも、神社では清らかな神様と「まったく出会えない」というわけではありません。神様は、どうにかして私たちに「本来あるべき姿」へ戻るための大切なメッセージを伝えようとしているのです。

そこで、みなさんに提案したいのですが、神社を詣でる前に、ご自身の生き方を見つめ直してみてはいかがでしょうか。

- 何のために生きているのか？
- 何に幸せを感じるのか？
- 本来の人間の価値とは何か？
- 自分の価値観は、本来の人間の価値と照らし合わせてみてどうか？
- 自分の欲望のためだけに動いていないか？
- 自分は後世に何を残せるか？
- 世のため人のために何ができるか？

人という生き物は、本来このようなことを考えるべきなのだと、私は神様から教わりました。人間のやるべきことは、人生で経験したさまざまな事柄を通して、神様のような清らかな存在に少しでも近づくことです。それは神様の方向へ進化することに他なりません。すぐには受け入れられないかもしれませんが、これこそが真実なのだと私は深く理解しています。

だからこそ、神社を詣でる際には少しでも清まった状態になることが求められるのです。それが神様と出会うもっとも効果的な方法となります。

参拝者が清まることにより、神様に与える影響、人間が発する穢れた「気」の量も軽減されるでしょう。

鳥居をくぐって境内に入り、まずは手水舎で手を洗い、口をすすぎます。これも自分自身を清めるための行為です。こうした「当たり前」のことを忘れずに行うことが大事なのです。そうすれば、神様は喜んであなたの前にお姿を現してくださるでしょう。

「感じた！」と思い込んでいるだけ？

清らかな神様がおられる神社の境内では、ご神気を感じます。

正しくご神気を感じるには、足しげく神社へ参拝するだけでなく、その空間の良し悪しがわかること。つまり、「何が清らかで、何が穢れなのか」を体感できる体になることが必要になってきます。

万物の中でもとくに清らかな存在である神様とつながるには、徹底して心身を清め、神様からの情報をキャッチするだけの集中力を養わなければなりません。清まることによって、あなたは体の部位や器官の持つ各機能が活性化され、空間に偏在する情報を読み取ることが可能になります。

逆に、心身が穢れた状態で神域に立ち入れば、その空間を穢すだけで神様と出会うことも、ご利益を得ることも叶いません。欲望にまみれた状態で神社を参拝することは、神様に対して大いなる迷惑をかけることになるのです。

人体から発する穢れた「気」によって空間が劣化すれば、神様が清らかさを維持することは難しくなるでしょう。拝殿におられない、おられても出てくることのできない瀕死状態の神様はじつに多いのです。

ご神気に満ちた境内では、感性が鈍い人でも清々しさを感じることはできるはずです。普段過ごしている自宅や職場などの環境よりも、はるかに清らかな空間であるとわかるでしょう。

これはご神気によって参拝者の心身がゆるみ、癒しを得やすい状態になるからです。体内の毒素が放出されることで一時的に気分がよくなり、「ご利益を得た」と感じるかもしれませんが、それは思い込みに過ぎません。心身が清まっていなければ、すぐに元の状態へ戻ってしまうでしょう。

いずれにせよ、神様のためにも、自分自身のためにも、私たち人間は心身を清めて神様という存在に少しでも近づくこうとする意識の高さが求められるのです。

清さと穢れの違いを正しく体感しよう

あなたは対人関係でイライラすることや、攻撃的になってしまうことはありませんか？

自虐的になったり、投げやりな態度を取ったり、不安に駆られることはないでしょうか？

常にこのようなストレスを抱えている方も少なくないと思いますが、これは体が整っていないために心が乱れているという証拠です。

また、神社を訪れてもご利益に預かりたいと神様にすがるばかりでは、あなたが清められることも、正しい体感が養われることもないでしょう。

ご神気を正しく感じるには、まずは体を整えること。そのためにも、普段から清らかな場所で過ごすことが大事です。空間認識力が高まれば、その場に漂う「気」の良し悪しを見分けられるようになるでしょう。

今後も神社ブームは続き、参拝者の数も増加していくと思われます。

参拝する際に大事なのは、二礼二拍手一礼といった基本的な作法だけではありません。体を清め、空間を穢さないように静かに参拝するという「参拝の本意」を正しく理解すること。境内での喫煙やペットの散歩などは論外です。

神社によっては喫煙所が設けられているところもあり、好ましくありません。なかには僧侶や神職の関係者が喫煙されるケースもありますが、どうか自らを悔い改め、清まるための努力をしていただければと思います。

誠に残念なのですが、ご神気を体感できる心身でなくとも神職に就けてしまうのが、いまの神社庁の制度です。ぜひとも改善していただきたく、この場を借りて苦言いたします。

穢れの3要因、欲望と清らかさは反比例

今日まで自分と向き合い続けてきた私は、同じく、他人の体やその動きについても観察してきました。目に見える部分だけでなく、人体から発せられる「気」や未成仏霊の影響などもわかります。つまり、その人の清さや穢れのレベルを見極められるのです。

それでは、清さと穢れの違いをご説明しましょう。

これまで祓い清めることの研究過程で多くの人を観察し、理解できたのは、誰もが特定の感情を抱いたときに、穢れた「気」を強く発するということ。現代人は多かれ少なかれ穢れた「気」を放出しており、心の状態によってその量が変化するのです。


穢れた「気」を強く発するときの感情とは、次の３パターン。

一つ目は、自己主張です。自分の考えや意見をきちんと相手に伝えることは大切なのですが、自分さえよければいい、他人の意見などお構いなし、といった態度は問題です。

たとえば、自分の意見に固執して相手を否定する人を見かけたことはありませんか？

そのような人は自分が正しいと思い込んでいるので、相手へダメ出しをしてもフォローする気がありません。

あとから「あなたのことを思って言ったのよ」と自己弁護しても、自分本位の言葉が発せられた瞬間、「はい、出ました！」、ドバーッと穢れた「気」が放出されるため、もうごまかしはきかないのです。

欲望を軽減させるには、一人で静かに過ごすことがいちばんです。

一人の時間を定期的に持つようにしましょう。自己主張が悪いわけではありませんが、自分ばかりがマシンガンのように話すのは好ましくありません。自覚がある方は、意識して口数を減らし、おしゃべりをし過ぎないように注意しましょう。

どうしてもおしゃべりをし過ぎてしまう場合は、もう一人の自分と口論している場面を思い浮かべてみてください。相手の立場になり、相手の言葉に聞く耳を持つことがいかに大切か。それに気づくことができれば一歩前進です。

二つ目は、自己否定です。人と比べて自分はダメだ、自分には価値がないと思い込み、ほめ言葉も素直に受け入れられず、自分を嫌う感情が出た瞬間、「はい、出ました！」、ドバーッと穢れた「気」が放出します。

自分のよいところに注目して、自分をほめてあげましょう。物事をシンプルにとらえ、あまり完璧主義になりすぎないことも大切です。

どうしても自己否定のクセが抜けない場合、自分の味方は自分だと考えてみてください。どうしたら自己否定しないで済むかを常に意識して、自分なりの解決策を考えてみましょう。

三つ目は、自堕落です。これは単にだらしないということではありません。物事を頭でとらえて心を通わすことが下手な人、その場しのぎの言葉でごまかす人、形だけ頭を下げて自己責任を果たさない人……さまざまなケースがこれに当たります。面倒くさいと思った瞬間、「はい、出ました！」、ドバーッと穢れた「気」が放出します。

自堕落な人には、恵まれた環境を当たり前と思い、感謝の気持ちが足りないケースが目立ちます。口にする言葉にも「気」が宿るので、まずはまわりの人に「ありがとう」と伝えましょう。そして半年後、１年後の目標を立て、どうやって清まるかを具体的に示し、さっそく行動に移してください。

ここで紹介した自己主張・自己否定・自堕落という感情の３パターンは、どれか１つでなく、２つ、３つと要素を併せ持っている方も多く見られます。これらの感情が穢れた「気」を発する要因になり、体にもさまざまな影響を与えていることをぜひ知っておいてください。

欲望を増幅させると清らかさは減少し、逆に、心身が清まれば欲望は減少していきます。欲望と清らかさは反比例の関係にあるのです。

穢れた感情を抱きながら生きていれば、そのぶん幸せから遠ざかることになります。さらには空間を穢し、まわりの人にも悪影響を与えてしまいます。

心と体の状態を整えて、前向きに生きることが大切です。思いやりの心を持ち、すべての人の幸せを願いましょう。そう思う気持ちと行動力が明るい未来をつくり、結果的には自分の幸せにもつながるのです。

よい状態の神社、よい状態の寺院で感受性を取り戻す

第3章でご紹介する神社各社は、私が実際に神様とお会いし、祓い清め、本来あるべき状態に戻すことができた神社です。再び境内の空間が穢されていなければ、いまも神社の状態は清く保たれているはずです。

感性を磨く方法としては、繁華街の穢れた空間に身を置いたあと、自身の心と体を可能な限りきれいな状態にしてから、これらの清らかな神社を訪れてみてください。想像した以上に清々しく、深い呼吸ができて、心も鎮まることがわかるでしょう。一度ではなく何度も交互に訪れてみると、清さと穢れの空間の違いをはっきりと認識できると思います。

また、清らかな神社の境内で一日数分でも過ごすことを習慣にしてみてください。感性を高めるには、一つの神社に足しげく参拝することをおすすめします。ぜひ、お詣りの常連さんになっていただければと思います。穢れた環境によって疲弊した心と体に、再びエネルギーが満ちる実感を得られるでしょう。

参拝は、なるべく人の少ない時間帯がよく、とくに一日の中で境内がもっとも清まっている早朝は、たたずむだけで気持ちがよいものです。神様がお姿を現してくださる可能性も高いと思います。

通勤や通学の際のお詣りを日課にすれば、朝のご神気を浴び続けることで、あなたの心身はどんどん清まっていくはずです。

そしてもし神様がお姿を現されたときは、あふれんばかりのご神気があなたの中に流れ込んでくるので、その感覚を全身で味わってください。ときには温かく、ときには涼しく、ときには力強い。そんな清らかな「気」にたっぷりと浸ってみましょう。

感性が高まると、清らかな神社でも雰囲気がそれぞれに違うことがわかると思います。参拝者が多い時間帯と少ない時間帯でも、清らかさは明らかに違います。

こうして場所・人・ものが発する「気」を見極められるようになれば、知識や情報に左右されず、研ぎ澄まされた自らの感性によって安心快適な暮らしが実現可能になるのです。

清まれば清まるほど、神様との距離が近くなる

神様とつながるポイント、それはズバリ、清らかさです。

あなたの心や体が清らかであれば、神様との接点を持つことができます。逆に穢れていれば、たとえよい状態の神社を参拝しても、清らかな神様がお姿を現すことはないでしょう。

現代人は、穢れた場所で生活することに慣れてしまっているため、感性が欠乏していきます。そのため、この不調和な世界を拒絶することなく受け入れ、地球環境と同じように人間性も劣化していくのです。

穢れが蔓延した空間で清らかさを保ち続けることは、百鬼夜行から無傷で逃れるようなもの。それだけ難しいということですが、神様は「こちらの方向へ進みましょう」といつも指し示してくださっています。

心と体が清まってくると、神様との距離も近くなり、不安やストレスは自然と消えていきます。そして家族や知人だけでなく、見ず知らずの人の幸せも願えるようになるのです。もちろん、穏やかで慎ましやかな暮らしが実現することは言うまでもありません。

つまりそれは、清らかな神様の方向に進化し、近づいていくということ。あなたにも神様とつながるチャンスは必ずあります。

さぁ、自分自身をしっかりと清めていきましょう！

正しい神社参拝のしかた

神社を参拝する際には、拝殿で手を合わせてお願いごとをすると思います。仕事や健康、人間関係についてなど、神頼みをしたい事柄はいくつもあるでしょう。しかし、まず知っておいていただきたいのは、神様は人間の欲望を満たすためにおられるわけではないということ。

拝殿では、「あれがほしい」「こうなりたい」といった個人的なお願いごとではなく、人間が本来あるべき姿、望むべき方向へと進化できるように手を合わせていただきたいのです。そのような内容であれば、神様は喜んで聞き入れてくださるでしょう。

続いて、参拝のしかたとその順序についてご説明します。

①出かける前に、心を鎮めて自分を見つめ直す

※人として本来何をすべきかを考える

②出かける前に、神様に何をお願いするか、できるだけ具体的に考える

※願いごとはいくつあってもよい
③神社に到着したら、鳥居をくぐって手水舎で手を洗い、口をすすぐ
※自分自身を清めるつもりで行う
④拝殿に向かい、その神社のしきたりに沿って手を合わせる
⑤自己紹介をする
※住まい、名前、年齢、今日は誰と来たか、など
⑥何度も参拝している神社であれば、日頃お守りいただき、お力をお貸しくださって
いることに対して感謝を伝える
⑦前もって考えておいた願いごとをお伝えする
⑧今後もお力をお貸しくださるようにお願いをする
⑨再び参拝させていただくことをお伝えする
⑩最後に、礼をする

続いて、神社の状態の良し悪しを見分ける方法をご紹介します。
よい状態の神社は、基本的に気持ちがよく清々しいものです。具体的な点で言えば、掃

除が行き届いている、トイレがきれい、きちんとお供えがされてある、榊が枯れていない、などが挙げられます。

また、神職の方の感じのよさもポイントになります。表情が穏やかで明るい、対応がよい、喫煙者ではないなど、その方の持つ雰囲気をよく感じてみてください。

悪い状態の神社はその逆であり、薄暗くて寂しく、お化け屋敷を思わせるような雰囲気が漂っています。神職の方の対応が悪く、掃除がされていない、トイレが汚れているなどは、もっての他であると考えます。

もし境内にゴミなどが落ちていたら、それをどうか拾って捨ててください。もしその神社が近所にある場合は、地域の方々に呼びかけて掃除をしていただけたらと思います。ご協力のほど、よろしくお願いいたします。

第3章

よい神社におられる神様をご紹介します

清らかな場所で「神様の気」を感じましょう

この章では、これまでに私が全国各地で出会ってきた神様をご紹介していきます。ページ数の都合で、私が訪れたすべての神社、出会ったすべての神様を掲載することはできませんが、とくにおすすめしたい41柱を選ばせていただきました。

これらの神様がお祀りされている神社は、いずれも清らかな状態が保たれているところばかりですので、ぜひ神社をたびたび参拝され、神様とつながる機会を増やしていただけたらと願います。

また、各社でお祀りされている神様をより身近に感じていただけるよう、私が出会ったときのご容姿のままイラストにしました。

実際には肉眼を通して見ているわけではないので、このような肉体を持った印象とは異なりますが、できる限り具体的に、そのエネルギーをイラストに込めながら制作しました。

みなさんも拝殿で手を合わせる際には、どうぞ神様のお姿を思い浮かべ、その清らかな「気」を感じながらお詣りしてください。

天照大御神《あまてらすおおみかみ》

《天照大御神と出会った神社》伊勢神宮 内宮／伊勢神宮 滝原宮／伊勢神宮 伊雑宮／東京大神宮／熊野本宮大社／熱田神宮／四柱神社

お伊勢さんとして親しまれる伊勢神宮は、広大な敷地に点在する正宮・別宮・摂社・末社・所管社の125宮社からなる総称です。

その中心となるのが、日本人の総氏神であられる天照大御神がお祀りされた内宮と、衣食住の神様・豊受大御神がお祀りされた外宮。いずれも伊勢神宮の正宮にあたり、約2000年の歴史がある内宮は「皇大神宮」、約1500年の歴史がある外宮は「豊受大神宮」とも呼ばれています。

神路山と島路山から清らかな水が流れ込む五十鈴川。そのほとりに鎮座する伊勢神宮内宮（三重県 P234）。俗界と神界とのかけ橋といわれる宇治橋を渡ると、玉砂利を敷き詰めた長い参道が続きます。ゆるやかな弧を描く参道沿いには、樹齢数百年の杉の巨木が立ち並び、神様にお会いできることの期待と喜びで胸を高まらせながら、いつも玉砂利を踏みしめて歩きます。清々しい空気に満ちたこの参道では、自然と呼吸が深くなり、全身にくまなく「気」が満ちる感覚になるのです。

さて、私が初めて天照大御神にお会いしたときのことをご説明しましょう。

ご正宮で「天照様、どうぞお姿をお見せください」とお呼びすると、非常に細かい霧があたり一面に立ち込め、その奥から女性の神様が現れました。そして深々とお辞儀をしながら、「お待ちしておりましたよ」と言われたのです。

その聞き覚えのあるお声に、私はハッとさせられました。

神様との交信を始めて以降、軽やかで透明感のあるその声にずっと導かれてきたからです！

なんてことでしょう。これまで寄り添ってくれていた名も知らぬ存在が、じつは天照大御神であったと、このときようやく理解できたのです。

見た目の年齢は30代後半のようですが、顔のパーツが全体的に小さく整い、クリッとした瞳と桜色の唇、二つのお団子ヘアがじつにチャーミングで、少女のような印象を与えています。

お召し物は、白いパンツスタイル。透け感のある生地を使い、袖やパンツがふんわりとふくらんだデザインです。そのたたずまいは、宙を舞う羽衣のような軽やかさ。首に巻いたスカーフが、風もないのにたなびいています。水面にきらめく光のようなその美しいご容姿に、私はすっかり魅了されてしまいました。

天照様は、他の神社でも幾度となく再会している、私にとってはもっとも身近で親しみのある神様です。
伊勢神宮 瀧原宮（三重県）では、天照大御神、天照大御神荒御魂の2柱とお会いしました。
伊勢神宮 伊雑宮（三重県）にうかがった際には、人の「気」で境内がよい状態ではなかったので、社殿や境内を祓い清めたのちに天照様をお呼びしました。
東京大神宮（東京都 P234）、熊野本宮大社（和歌山県 P237）、熱田神宮（愛知県）、四柱神社（長野県 P241）でもお会いしています。なかでも「東京のお伊勢さん」と称されている東京大神宮は、都会のど真ん中にあって清らかさを保ち続けている稀有な神社。東京に来て初めて天照様をお呼びして再会したため、印象に強く残っています。

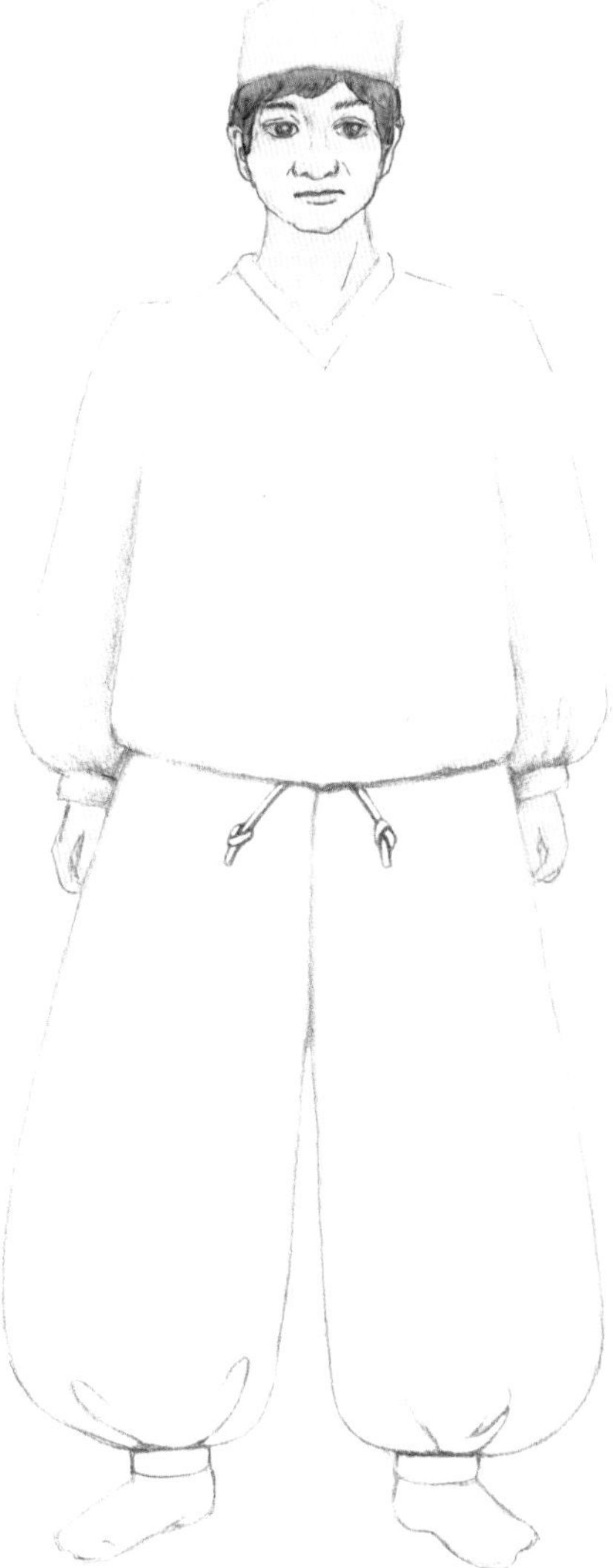

天照《あまてらす》大《おお》御《み》神《かみ》 荒《あら》御《み》魂《たま》

《天照大御神荒御魂と出会った神社》 伊勢神宮 荒祭宮／伊勢神宮 滝原宮

深い緑の中、伊勢神宮 内宮のご正宮から北へ向かうと、小高い場所に伊勢神宮 荒祭宮（三重県 P235）が鎮座しています。内宮の第一別宮で、ご正宮に次いで格式が高いとされている荒祭宮には、天照大御神荒御魂がお祀りされています。

神様をお呼びすると、身長は175㎝ほど、筋肉質でガッチリとした体格の男性の神様がお姿を現されました。エネルギッシュで男らしい印象も手伝い、人間に近い存在感があります。

お召し物は上下白色で、袖やパンツが薄手の生地でふんわりと（バルーン風に）仕立てられています。黄色系の内衣がうっすらと透けて見えているほか、クリーム色の四角いツバなし帽も印象的でした。

人間への理解力が深い神様なので、具体的な願い事であれば、天照様よりもこちらの神様のほうが聞き届けてくださるでしょう。

伊勢神宮 滝原宮（三重県）では、天照大御神と天照大御神荒御魂の2柱と再会しました。

豊受大御神《とようけのおおみかみ》

《豊受大御神と出会った神社》伊勢神宮 外宮／東京大神宮

伊勢市の中心部、高倉山の麓に鎮座する豊受大神宮は、豊受大御神をお祀りする伊勢神宮外宮（三重県　P235）のご正宮。豊受様は、生きていくために必要な衣食住を司る神様であり、「豊」は文字通り豊かさを表し、「受」は種をまいて収穫する穀物などの食べ物を意味しています。

さて、私が初めて豊受大御神にお会いしたときのことをご説明しましょう。

ご正宮でお呼びすると、小人のような神様が20柱ほど現れ、横2列に並ばれました。続いて、その20柱の神様がちょこまかとコミカルに動き、パタパタッと重なって一つになると、豊受大御神のお姿になったのです。

身長は145～150cm、小柄でふくよかな男性の神様でした。お召し物はベージュと茶色の上下で、全体的にふんわりと膨らんでおり、丸いお顔に茶色の四角い帽子がよくお似合いです。垂れ目の印象もあり、いつも微笑んでいる優しさに満ちた神様です。

月讀尊《つきよみのみこと》

《月讀尊と出会った神社》伊勢神宮 月讀宮

伊勢神宮 別宮の一つである月読宮（三重県 P236）は、内宮と外宮を結ぶ県道沿いにあり、うっそうとした森の中に、月讀宮・月讀荒御魂宮・伊佐奈岐宮・伊佐奈弥宮という4社が横並びに鎮座しています。

かつては参拝者もまばらで、ひっそりとした寂しげな雰囲気の漂う神社でしたが、拙著『もしもし、神様』で紹介してからは、若い女性を中心にたくさんの参拝者が訪れるようになりました。

私がこちらに初めて参拝したのは12年ほど前のこと。「月讀に問題が生じております」との天照様からのメッセージを受け、お祀りされている神様がどのような状態なのか案じながら訪れてみると、やはりよい状態ではありませんでした。

まずは月讀宮で神様をお呼びしてみると、お酒に酔って遊女をはべらせている男性の神様が現れました。あまりにも衝撃的なその光景は、いまでも脳裏にはっきりと刻まれています。

月讀宮には、天照様の弟にあたる月讀尊がお祀りされていますが、天照様に確認すると、こちらの荒れたお姿の神様が「月讀尊である」とのこと。このまま放っておくこともできずに祓い清めた結果、現在では立ち直り、ご自身のお役目をしっかりと果たしておられます。

この世は何事も光と闇に分かれますが、月読尊は「闇の世界」を象徴する神様です。闇の正体を見極め、闇として葬られることなく明らかにすることで、闇を光に変える道を示す。つまり、闇を白日のもとにさらし、はっきりと罰することのできる世の中に変えることが月読尊のお役目なのです。

月読尊が本来あるべきお姿に戻られてからの十数年、世の中では、不正、改ざん、捏造、隠蔽などの問題が次々と発覚したことも私たちの記憶に新しいところです。

そのお姿は見目麗しく、凛々しく、とりわけ切れ長の涼しげな目元が印象的です。社殿や境内も正常な状態に戻り、私にとっても大好きな神社の一つになりました。

全国に数ある神社の中でも、４柱の神様とお会いできる神社は珍しいのです。お伊勢参りの穴場として注目を集めるようになったいま、月読尊をお詣りする方が増えれば増えるほど、世の中の変化もスピードアップすることでしょう。

倭姫命《やまとひめのみこと》

《倭姫命と出会った神社》 伊勢神宮 倭姫宮

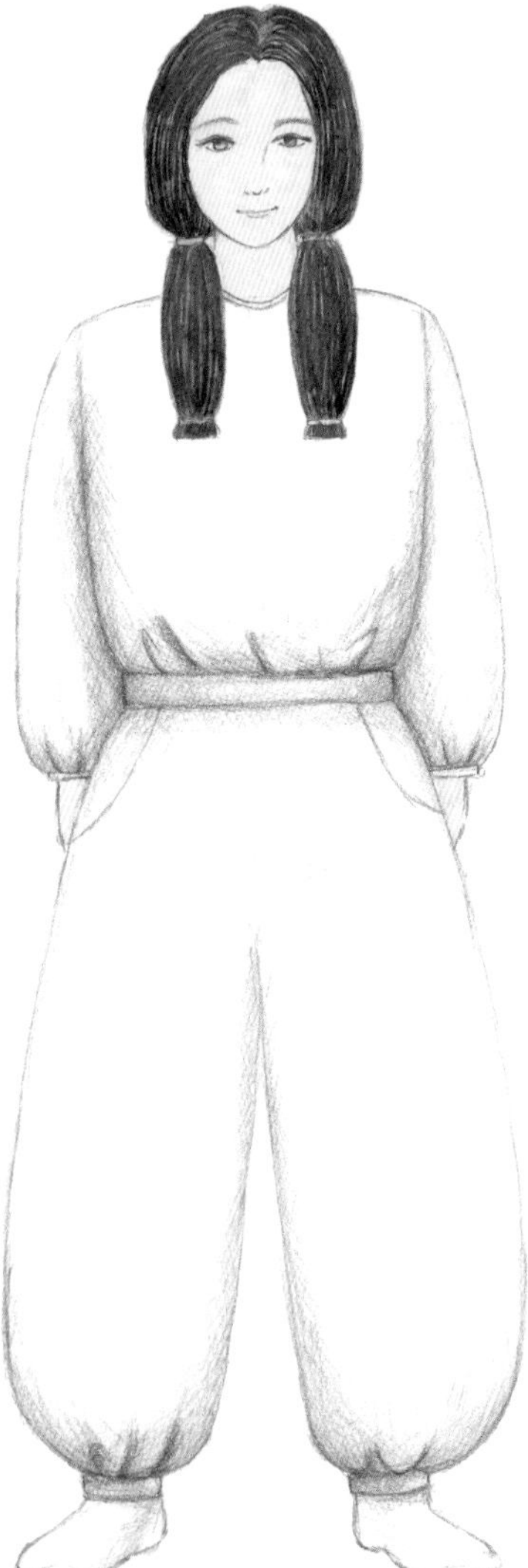

内宮と外宮を結ぶ県道沿いにあり、倉田山に鎮座する倭姫宮（三重県 P２３６）は、伊勢神宮 別宮の一つ。

こちらのご祭神である倭姫命は、そのお名前から女性の神様を想像していましたが、社殿でお呼びしてみると、男性の神様がお姿を現しました。

スラッと背が高く、ハンサムで男らしいご容姿です。上下白色のお召し物を着け、髪の毛は長く、特徴のあるまとめ方をされています。

年月を経てわかったことですが、女性のお姿をされた神様は倭姫命荒御魂でした。その神様とは、大神神社（奈良県 P２４４）の長い参道にある夫婦岩でお会いしています。

猿田彦大神《さるたひこおおかみ》

《猿田彦大神と出会った神社》二見興玉神社／猿田彦神社／椿大神社

伊勢の二見湾を望む絶景のロケーションと、縁結びなどにご利益があると言われる夫婦岩でも知られる二見興玉神社（三重県　Ｐ２３７）。こちらのご祭神は、「みちひらきの神」とも呼ばれる猿田彦大神。夫婦岩の沖合約７００ｍの海中には、猿田彦大神の霊石「興玉神石」が鎮座しているそうです。こじんまりとした拝殿で神様をお呼びすると、「ようこそいらっしゃいました、猿田彦大神と呼ばれている者です」と男性の神様が現れました。以前に猿田彦神社（三重県　Ｐ２３６）を訪れた際には、お役目である道案内のためにおでかけされていた猿田彦大神。こうしてお目にかかれて感動もひとしおでした。

見た目の年齢は45歳前後。身長は１７５㎝ほどの筋肉質な体型です。とはいえ、ごつごつした感じではなく、しなやかで均整がとれています。上下白の半着と野袴をお召しになっています。顔立ちはおでこが広く、鼻筋が通り、一重まぶたながら瞳が大きく、キリッとした印象があります。とにかく、目力の強さには圧倒させられました。

椿大神社（三重県）のご祭神も猿田彦大神ですが、その別宮である椿岸神社の拝殿では、女性のお姿をされた猿田彦大神荒御魂とお会いしました。

素戔嗚尊《すさのおのみこと》

《素戔嗚尊と出会った神社》熊野本宮大社／氷川神社／八重垣神社

紀伊半島南部に位置する聖地・熊野三山（熊野本宮大社、熊野速玉大社、熊野那智大社）の一つで、全国に３０００社以上ある熊野神社の中心的存在である熊野本宮大社（和歌山県Ｐ２３７）。境内には上四社と呼ばれる４つの神殿があります。

奈良から熊野へと続く山道を歩くと、生命の塊のようなどっしりとしたエネルギーが全身を巡ります。初めての参拝では、私の奥深い部分が潤い、活性化し、喜び、力強くなり、心地よいと感じたことを覚えています。

鳥居をくぐり、急な階段のある参道の中腹あたりに石碑を見つけたので、その前で神様をお呼びしてみました。すると、身長80㎝ほどのほうきを持った男性の神様が現れ、面白いことに、私の周囲を一生懸命掃いてくださるのです。

その神様とお別れし、境内に入ると、第1殿から第4殿までの4つの祠が並んでいます。まずは天照大御神がお祀りされている（向かっていちばん右側の）祠の前で神様をお呼びすると、天照様がいつものように軽やかなお姿を見せてくださいました。「ようこそおいでくださいました。ゆっくりしていってください」とのお言葉をいただき、再会できた喜びをいっそう強く感じました。

続いて、左から2番目の祠で神様をお呼びすると、ご不在のようでした。

続いて、いちばん左の祠で神様をお呼びすると、天之御中主神を思わせる、四角い顔立ちをされた女性の神様がお姿を現しました。

最後に、右から2番目の祠で神様をお呼びすると、素戔嗚尊がお姿を現し、さわやかな笑顔でお辞儀をされ、「ようこそおいでくださいました」とおっしゃってくださいました。

見た目の年齢は40歳くらいで、凛々しいお顔立ちに、がっちりとした筋肉質のたくましい体型をされています。このときは、イラストのお召し物と違い、金色の糸を織り込んだ公家風のお召し物、緑の帽子をかぶっておられました。

氷川神社（埼玉県 Ｐ２３８）と八重垣神社（島根県）では、稲田姫命と素戔嗚尊がともに並んでお姿を見せてくださいました。

素戔嗚《すさのお》尊《のみこと》荒《あら》御魂《みたま》

《素戔嗚尊荒御魂と出会った神社》八坂神社

八坂神社（京都府　P238）には、女性のお姿をされた神様がおられます。初めて参拝したときにご挨拶させていただきましたが、天照様に確認したところ、地域の氏神様とのことでした。そして、直接こちらの神様におたずねしますと、「祇園をお守りしています」とおっしゃっていました。

境内では、別にもう1柱の神さまとお会いすることができました。女性のお姿をされた神様で、身長は168㎝くらいの長身で、髪を上でまとめておられます。お召し物は、黒色の着物に白っぽい柄がちりばめられていて、ゴールドの帯と茶色の帯留めをされています。

お名前をお聞きしたところ、素戔嗚尊荒御魂とのことでした。

稲田姫命《いなだひめのみこと》

《稲田姫命と出会った神社》氷川神社／八重垣神社

武蔵一宮氷川神社（埼玉県　P238）の一の鳥居から二の鳥居まで、南北約2kmに渡って続く参道は、日本一長い参道と言われています。埼玉県大宮市の地名が、氷川神社を指す「大きな宮」に由来することは周知の事実です。

およそ700本のケヤキ並木の中、30分ほどかけてゆっくり歩けば、世俗の垢を洗い流し、自身の穢れを取り除くことで気分を新たにすることができるでしょう。三の鳥居をくぐれば清らかさがグンと増す、氷川神社の境内です。

こちらの拝殿で神様をお呼びすると、素戔嗚尊とともに目を見張るような美しい女性の神様がお姿を現しました。そのほか、お二人に仕える、黒い紋付袴姿の9柱の男性（神様）もご一緒です。

素戔嗚尊とは熊野本宮大社（和歌山県　P237）でお会いしていますが、こちらの神社ではお召し物が違います。青いお着物に銀色の袴姿です。

女性の神様とは初めてお会いしたのですが、見た目の年齢は38歳～40歳、身長が160cmくらいのスラリとした体型。目鼻立ちのはっきりした気品あふれるお姿で、華やかな柄を散りばめた赤い着物をお召しになっています。

「あなたは稲田姫命ですか？」とお聞きすると「そうです」とお答えになりました。ずっとお会いしたかった神様なので、感動してしまいました。９柱の男性のみなさまも、微笑んでこちらを見ておられました。

八重垣神社（島根県）の拝殿でも、素盞嗚尊と稲田姫命がいつも並んでお姿を現してくださいます。こちらの境内では、脚摩乳命、手摩乳命と呼ばれる神様にもお会いしました。

伊邪那岐神《いざなぎのかみ》・伊邪那美神《いざなみのかみ》

《伊邪那岐神・伊邪那美神と出会った神社》筑波山神社／熊野那智大社／伊勢神宮　月讀宮／熊野速玉大社

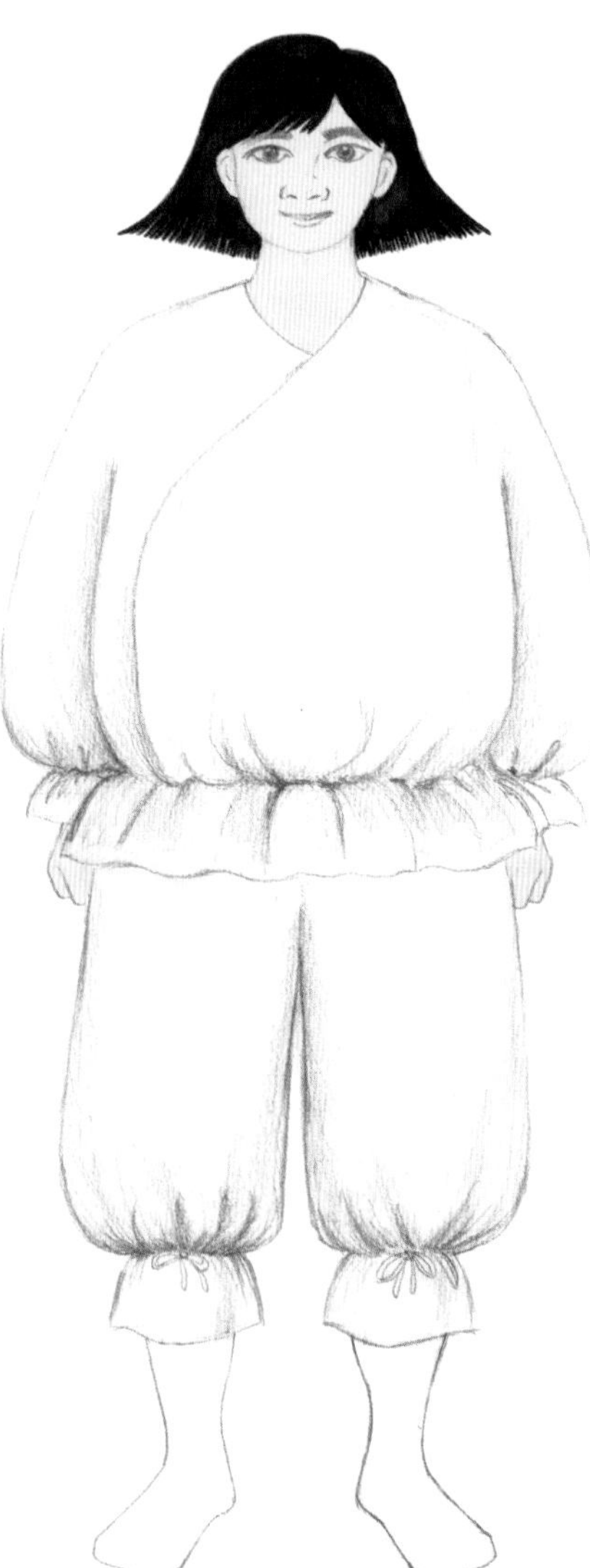

関東地方を代表する霊峰・筑波山。全国屈指の古社であり、この山を御神体と仰ぐのが筑波山神社（茨城県　Ｐ２３９）です。ご祭神は、筑波男大神（伊邪那岐神）と筑波女大神（伊邪那美神）。日本神話において最初に登場する夫婦神であり、国産みを行い、万物を司る神々を誕生させたことでも知られる2柱です。

筑波山は男体山および女体山と呼ばれる2つの峰からなり、それぞれに神様がお祀りされています。筑波山の南面中腹にある拝殿で神様をお呼びすると、まずは男性の神様である伊邪那岐神が現れました。見た目の年齢は50歳代、絹の生地に金糸を織り込んだ、細やかな柄のあるクリーム色の着物をお召しになっています。その高貴なお姿から、ふだん天照様に接するのと同じような気軽さでお話しすることはできませんでした。とはいえ、威圧的な雰囲気はまったくなく、おだやかな包容力を感じました。

伊邪那岐神、伊邪那美神とは熊野那智大社（和歌山県　P239）で再会することができました。標高350mの那智山中腹に鎮座する名社で、別宮となる飛瀧神社のご神体は那智の滝。熊野三山として世界遺産に登録されている聖地です。

こちらの拝殿に立って神様をお呼びすると、まずは女性の神様である伊邪那美神が現れました。見た目の年齢は40代前半、品格の高い雰囲気が漂います。どっしりとした重量感があり、光沢のあるクリーム色の生地で仕立てられたお召し物を着ておられました。

こちらの神様には伊勢神宮 月讀宮（三重県 P236）、熊野速玉大社（和歌山県 P239）でもお会いしましたが、神社によって異なる服装をしておられるのが印象的でした。

天之御中主神《あめのみなかぬしかみ》

《天之御中主神と出会った神社》水天宮／四柱神社

東京の日本橋という自然から離れた都会の中にあり、清々しい神気に満ちている水天宮（東京都　Ｐ２４０）。安産祈願スポットとして人気を集め、とくに戌の日は多くの参拝者で賑わいます。ご祭神である天之御中主神は、すべての神様の中心に存在する祖先神。つまり、神様の中の神様と言ってもよいでしょう。

こちらの拝殿で神様をお呼びすると、いっけんして男性と女性の判別がつかない、中性的なお姿をした女性の神様が現れました。

目・鼻・口などの顔のパーツが大きく、眉はくっきりと濃いので、たとえるなら宝塚の男役のような日本人離れしたご容姿です。四角い輪郭の顔立ちにゴールドのツバなし帽、ドレスの柄もじつにカラフルでエキゾチック。大柄な体型によく似合うデザインです。

さっそくご挨拶したところ、「お待ちしておりました。もう少し早くお見えになるかと思っておりましたが」とおっしゃるので、「すみません、うっかりしていました」と私が答えると、愉快そうに笑っておられました。

四柱神社（長野県　Ｐ２４１）では、天之御中主神をはじめ、高御産巣日神、神産巣日神、天照大御神の４柱と同時にお会いしました。

高御産巣日神《たかみむすびのかみ》・神産巣日神《かみむすびのかみ》

《高御産巣日神・神産巣日神と出会った神社》**四柱神社**

四柱神社（長野県　Ｐ２４１）とは、天之御中主神・高御産巣日神・神産巣日神・天照大御神の４柱をお祀りしていることから、その名で呼ばれています。４柱それぞれのお役目を合わせると「すべての願いごとが叶う」として人気を集めている神社です。

こちらの拝殿前で４柱の神々と同時にお会いしたときのことは、いまでも鮮明に記憶しています。天之御中主神、天照大御神のご容姿はすでにご紹介しましたが、高御産巣日神と神産巣日神については、２柱ともに、男性でも女性でもないような神様でした。

高御産巣日神は見た目の年齢が40歳～45歳、身長１６５㎝ほどで、男性っぽいがっしりとした体型です。しかしその一方で、お召し物やたたずまいはじつに女性的。厚手の絹でできたクリーム色のローブには全体的に細かな刺繍が入り、ゴールドの帯もアクセントに。ピンクゴールドの裾を引きずりながら、しとやかに歩いておられました。

神産巣日神は身長１６０㎝ほどで、高御産巣日神に比べると女性っぽい印象を受けました。お召し物は高御産巣日神と同様、厚手の絹でできたクリーム色のローブに、ゴールド

の帯を着けておられます。ただし、ローブに施された刺繡の色や柄が少し異なっているように見えました。ピンクゴールドの裾を引きづりながら歩く様子もよく似ておられます。

天常立尊《あめのとこたちのみこと》

《天常立尊と出会った神社》駒形神社

１０００年以上の歴史を持つ東北でも屈指の古社、駒形神社（岩手県Ｐ２４１）は、陸中一之宮となる神社です。古くは駒ケ岳の神霊を祀ったとされ、駒ケ岳の山頂に奥宮が鎮座します。

ご祭神は、産業発展や必勝祈願などのご利益があるとされる駒形大神（天照大御神、天常立尊など6柱）が祀られています。

こちらの拝殿で神様をお呼びすると、男性の神様が現れました。

見た目の年齢は40歳~43歳、身長１６８㎝ほどで、さほど大きくありませんが、筋肉質な体型です。目鼻立ちがくっきりとした濃い顔つきで、長い髪の毛を後ろで一つに束ねておられます。

全身グレーのお召し物で、下衣のほうがより濃い色合いでした。印象が薄く目立ったところの少ない神様であり、非常にバランスの取れた「気」を発しておられました。ほどよいハスキーボイスも魅力的です。

お名前をうかがったところ、天常立尊と呼ばれる神様でした。

国常立尊《くにとこたちのみこと》

《国常立尊と出会った神社》**玉置神社**

世界遺産に登録されている「紀伊山地の霊場と参詣道」の一角、熊野三山の奥宮にあたる玉置神社（奈良県 P241）。大峰山系の霊山の一つである玉置山の山頂近く、標高1000m付近に鎮座しています。

こちらの拝殿でお会いしたのは、見た目の年齢が38歳～40歳、身長175㎝ほどの男性のお姿をした神様でした。中肉中背で、丸顔にクリッとした可愛らしい瞳が印象的なお顔立ちです。頭の回転が速くて物知り、包容力もあって落ち着いた雰囲気があります。なにより優しさをいちばんに感じました。

お召し物については、絹生地のようなツルンとした素材でつくられた、グレーがかったブルーの装束をまとい、同じ色の帽子をかぶっています。上衣の首から肩の部分は白地になっているのがポイントです。

お名前をうかがったところ、国常立尊と呼ばれる神様でした。

瓊瓊杵尊《ににぎのみこと》

《瓊瓊杵尊と出会った神社》箱根神社／霧島神宮

関東総鎮守「箱根権現」として古くから親しまれ、箱根随一のパワースポットとしても人気を集める古社、箱根神社（神奈川県 P242）。元宮のある箱根駒ケ岳は山岳信仰の霊場であり、古代から崇敬されてきました。

ここは、天照様の孫にあたる瓊瓊杵尊と呼ばれる男性の神様に初めてお会いした神社です。目鼻立ちがハッキリした若々しくエネルギッシュな神様です。

その後、霧島神宮（鹿児島県 P243）でも再会しています。大鳥居をくぐって参道を上がると、鮮やかな朱塗りの社殿があります。境内には樹齢800年と言われる老杉が生い茂り、神々しい「気」に満ちています。

木花咲耶姫命《このはなさくやひめのみこと》

《木花咲耶姫命と出会った神社》富士山本宮浅間大社／霧島神宮／箱根神社

富士信仰の中心地に鎮座する富士山本宮浅間大社（静岡県　Ｐ２４２）は、全国に祀られた１３００以上ある浅間神社の本宮です。ご祭神は、木花咲耶姫命（別称・浅間大神）。ご神木の桜のほか、境内には５００本以上の桜の木が植えられています。

こちらの拝殿で神様をお呼びすると、女性の神様がお姿を現しました。

身長１５８㎝ほどで、パッチリとした二重の目、スッと通った鼻筋など華やかな顔立ちがじつに美しく、髪飾りにもダイナミックできらびやかな装飾が施されています。

艶のあるピンクの生地に花模様がちりばめられた振り袖をお召しになり、黄緑色の帯と赤い帯揚げがよいアクセントになっていました。

お名前をうかがったところ、想像通り、木花咲耶姫命と呼ばれる神様でした。その後、木花咲耶姫命とは霧島神宮（鹿児島県　Ｐ２４３）、箱根神社（神奈川県　Ｐ２４２）でも再会することができました。

大国主命《おおくにぬしのみこと》

《大国主命と出会った神社》**出雲大社**

縁結びの神・福の神として馴染み深い出雲大社（島根県Ｐ２４３）は、「だいこくさま」として慕われている大国主命をご祭神としてお祀りした神社。

国宝に指定された日本最古の建築様式「大社造り」の本殿、日本一の大きさを誇る大鳥居やしめ縄（神楽殿）など、見どころも盛りだくさんです。

私はご祈願の申し込みを済ませ、拝殿に向かいました。そこで正座し、ご祈祷をしていただいているあいだ、いつものように「いらっしゃいましたらお出ましください」と神様をお呼びしました。

すると、身長１７５㎝ほどの品格ある優しそうな男性の神様、大国主命がお姿を現しました。

お召し物は、光沢のあるシルクのような生地の上下衣で、全身水色であり、袴のほうが少し濃い色合いです。細身の体型ですっきりと着こなしておられます。大らかで頼りがいのある父親的な印象がある神様なので、叶えたい望みや自らの志を宣言するつもりでお詣りされるとよいでしょう。

出雲大社では、本殿内北西に御客座五神がお祀りされており、そちらでは宇麻志阿斯訶備比古遅神という神様にもお会いしました。

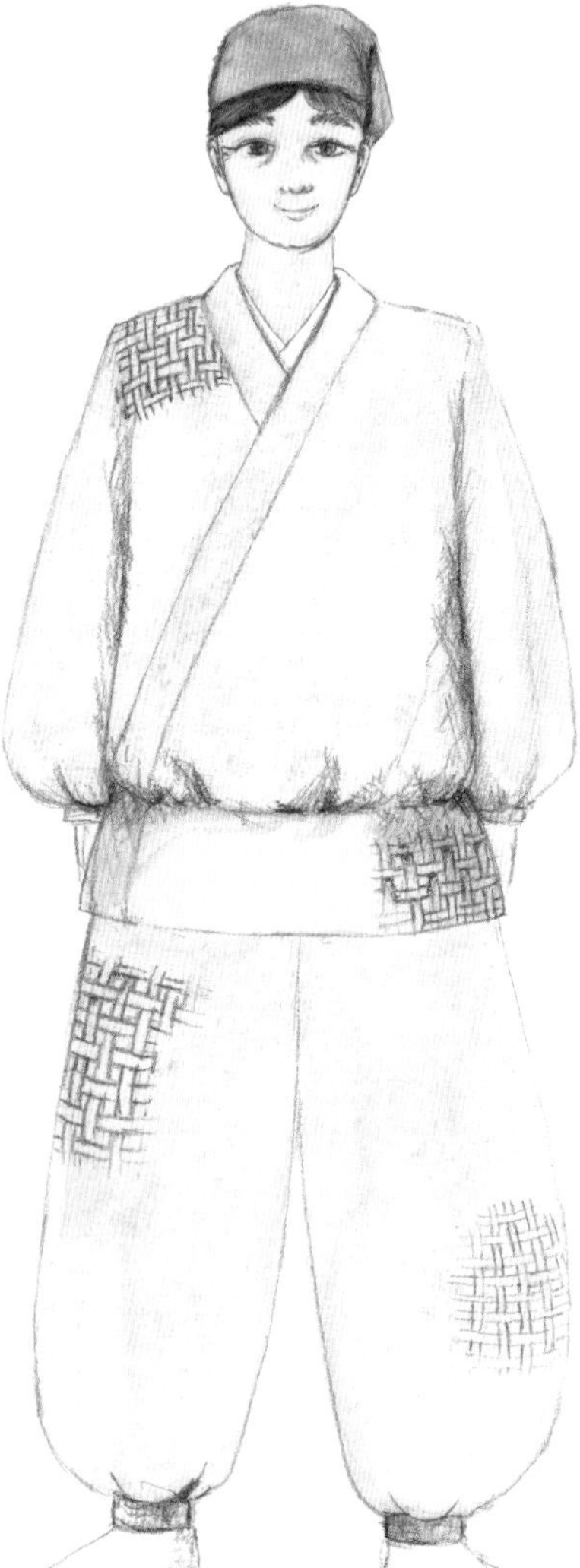

宇麻志阿斯訶備比古遅神《うましあしかびひこじのかみ》

《宇麻志阿斯訶備比古遅神と出会った神社》**出雲大社**

出雲大社（島根県Ｐ２４３）では、大国主命とお会いしたほか、本殿内の正面に向かって左側（北西）、南向きにある御客座五神（天之御中主神、高御産巣日神、神産巣日神、宇摩志阿斯訶備比古遅神、天常立尊）を祀るところに、宇麻志阿斯訶備比古遅神と呼ばれる神様がおられました。

見た目の年齢は50歳前後、身長１６８㎝ほどの知的で芯が強そうな男性の神様です。ボリュームは小さいながら通る声と、優しい眼差しが印象的でした。

上下ともベージュ色の装束を身にまとい、格子柄のような織り目が入っているところもポイントです。

大物主命《おおものぬしのみこと》

《大物主命と出会った神社》**大神神社**

そびえる三輪山がご神体のため、本殿は設けず、拝殿奥の三ツ鳥居（三輪鳥居）を通して三輪山を参拝します。そんな古代の神祀りをいまに伝える日本最古の神社が、大和国一之宮である大神神社（奈良県 P244）。神が宿る三輪山は自然の状態が保たれているので、松・杉・桧などの巨木が林立し、神聖な雰囲気を強く感じます。

さっそく神様をお呼びすると、どっしりとした貫禄ある男性の神様、大物主命が現れました。見た目の年齢は45歳くらい、あぐらをかいて座っておられるので身長はよくわかりません。その後、何度かお目にかかりましたが、なぜか大物主命は常に座っておられます。

お召し物はゴールドに近いベージュ色の上下衣で、半襟は白色。濃いベージュで茶色いストライプ柄が入った本襟には、金糸の刺繍が細かく施され、高級感をかもし出しています。本襟と同じような刺繍が施された帽子も、品格を高めているアイテムです。

大神神社の境内において、狭井神社では女性のお姿をされた大物主命荒御魂、市杵島姫神社では女性のお姿をされた市杵島比賣命、夫婦岩のところでは倭姫命荒御魂にお会いしています。

東京総氏神《とうきょうそううじがみ》

《東京総氏神と出会った神社》**明治神宮**

都会のオアシスとして都民に親しまれている明治神宮（東京都　Ｐ２４４）は、大正9年に創建、明治天皇と照憲皇太后が祀られている神社です。約70㎡もの広大な境内は、約10万本の全国からの献木を植栽し、現在では豊かな（人工の）雑木林に成長しています。樹齢約１５００年の桧でできた南参道の大鳥居は、木造の明神鳥居としては日本一の大きさを誇ります。

私は、この神社には東京総氏神がおられると感じています。拝殿の前で神様をお呼びしたところ、見た目の年齢は40代前半、身長１７５㎝ほどの男性の神様がお姿を現しました。水色と白の紋付き袴をお召しになった東京総氏神は、キリッとした涼しげな目元が印象的でした。

お祈りをしていると、神様の器の大きさをいつも感じます。ほっとしてありがたく、神様の愛情に包まれた感じがします。

大國魂大神《おおくにたまのおおかみ》

《大國魂大神と出会った神社》大國魂神社

1900年以上の歴史を持ち、武蔵国の守り神としてお祀りされている大國魂神社（東京都 P245）。最寄駅から徒歩5分という立地ながら、深い緑に囲まれた境内の神聖な雰囲気も魅力です。

こちらのご祭神は大國魂大神。初めてご挨拶をさせていただいた際には、拝殿に向かう途中で、大國魂大神自らがお迎えに出てきてくださいました。そして、「よくお参りくださいました。私が、あなたの東京の守り神になりましょう」とおっしゃってくださり、感動したのを覚えています。

多くの神様が色白の中、大國魂大神はアウトドア派のような小麦色の肌をしていらっしゃいます。フットワークが軽やかで、何ごとにも行動的な面があるようにお見受けしました。お召し物は、ベージュと茶色の装束で、部分的に刺繍が施されています。

なぜかお詣りするたびに「お酒をお持ちください。帰りには甘いものを召し上がりなさい」とおっしゃいます。この日も、拝殿の前でお酒のフタを開けてお供えすると、今度は「お詣りを終えたら、お供え物を持ち帰って家でお酒をお飲みください」とのこと。「甘いものを買って食べなさい」ともおっしゃるので、大國魂神社を参拝した際には、いつも饅頭などをおみやげに買って帰るようにしています。

味耜高彦根命《あじすきたかひこねのみこと》

《味耜高彦根命と出会った神社》**日光二荒山神社**

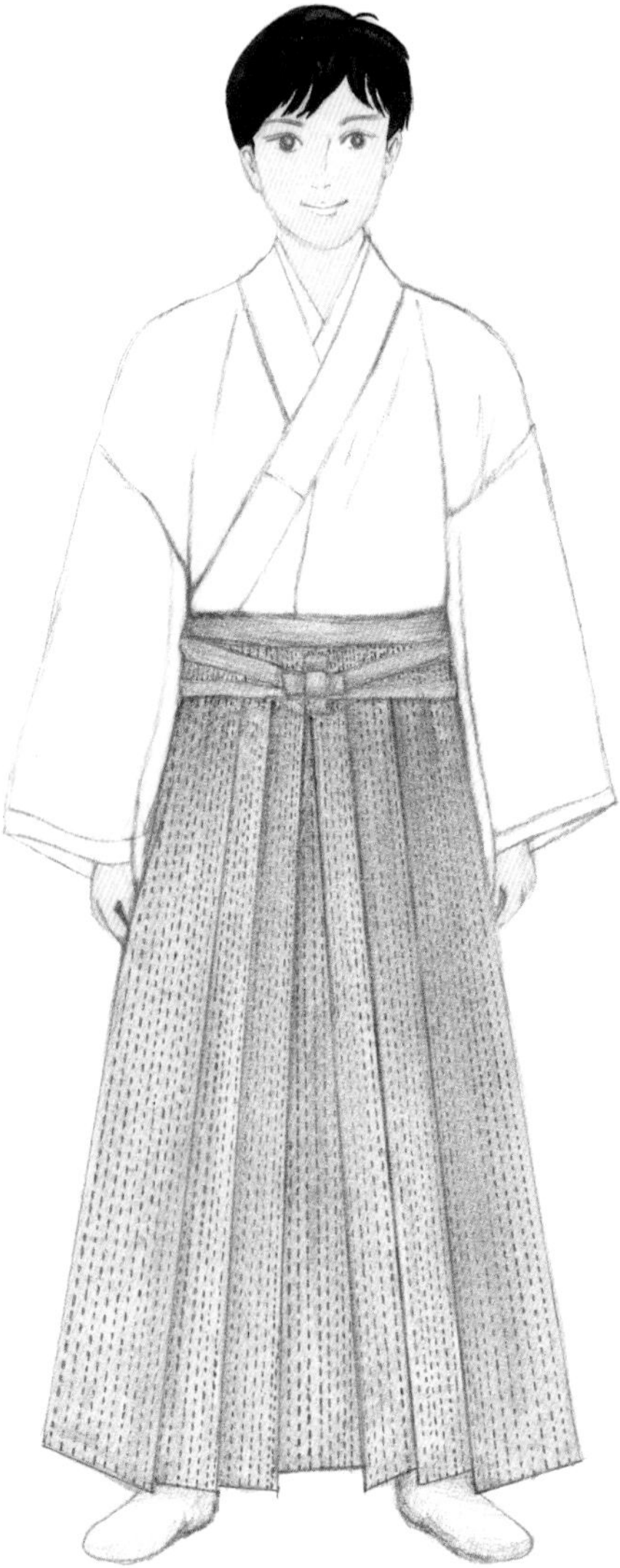

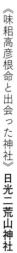

東照宮の西隣に鎮座する日光二荒山神社（栃木県　Ｐ２４５）は、日光山信仰の始まりとなった古社であり、下野国一之宮となっています。

ご神体は、霊峰・二荒山（現在の男体山）。およそ３４００haの広大な境内地には、日光国立公園の中核となる日光連山のほか、華厳の滝、いろは坂なども含まれ、世界文化遺産「日光社寺」に登録された神社の一つでもあります。

また、日光二荒山神社の中宮祠は中禅寺湖畔に鎮座し、日光二荒山神社の奥宮は男体山山頂に鎮座しています。

日光二荒山神社に初めて参拝したときには、味耜高彦根命と呼ばれる男性のお姿をした神様とお会いしました。見た目の年齢は38歳～40歳、身長１７３cmほどの中肉中背です。白い上衣と、シルバーグレーに黒のストライプが入ったデザインの袴をお召しになっていました。面長のスッキリとしたご容姿で、いつも優しく微笑んでおられます。

その後、日光二荒山神社の本社・別宮・中宮祠・奥宮では、大国主命、田心姫命、女性のお姿をされた味耜高彦根命荒御魂とお会いしました。

宇迦之御魂大神《うかのみたまのおおかみ》

《宇迦之御大魂神と出会った神社》伏見稲荷大社

全国に約3万社ある稲荷神社の総本山として知られる伏見稲荷大社（京都府 P２４６）。朱色の千本鳥居が注目され、観光地・京都の中でも人気の高いスポットです。重要文化財に指定されている本殿には下社・中社・上社があり、その中央座に鎮まっておられるのが、宇迦之御魂大神という男性のお姿をされた神様です。

初めてお会いしたときは、見た目の年齢は70歳ほどで、ベストのようなベージュの上衣をお召しになり、下衣も同じくベージュのパンツ姿でした。さらにベージュの帽子をかぶったスタイルで、手には杖を持っておられました。

数年が経ち、本来あるべき状態に戻っていただいたところ、見た目の年齢が40代の背がスラッとした格好のよい神様になられました。面長でキリッとした目が印象的です。そのときは全身を覆うようなベージュの装束をまとっており、その下に着けている白い衣が首元から透けて見えていました。

初めてお参りしたときには参拝者もまばらでしたが、神様の浄化にしたがい、海外からの旅行者も含めた参拝者が急増しているようで、嬉しく思っています。

大年神《おおとしのかみ》

《大年神と出会った神社》**下谷神社**

奈良時代に創建された下谷神社（東京都 Ｐ２４６）は、都内でもっとも古いお稲荷様として知られています。ご祭神である大年神は、素盞嗚尊の御子神にあたるとのこと。

こちらの神社でお会いした神様は、男性のお姿をされていました。身長１６８〜１７０cmほどで中肉中背。髪質が柔らかくて気品があり、大きな瞳からは優しさがあふれ出ている感じが伝わってきました。ごく薄い水色の上衣と、濃い水色の袴をお召しになっています。

お名前をうかがったところ、大年神と呼ばれる神様でした。

天《あめ》之《の》手力《たじから》雄《を》命《のみこと》荒《あら》御《み》魂《たま》

《天之手力雄命荒御魂と出会った神社》**湯島天満宮**

湯島天神や湯島神社とも呼ばれている湯島天満宮（東京都 Ｐ２４７）は、学問の神様として有名な菅原道真公をお祀りしていることから、学業成就の祈願で受験生などに大変人気がある神社です。しかし、４５８年（古墳時代）の創建時からずっとご祭神としてお祀りされているのは、天之手力雄命という神様のようです。

樹齢２５０年の桧を使い、日本古来の建築様式を受け継いで建てられた拝殿で神様をお呼びすると、男性のお姿をされた神様が現れました。

見た目の年齢は40代前半、身長１７０~１７５cmほどの中肉中背。目立った特徴はないものの、品よく整ったお顔立ちです。生まれたての赤ちゃんのような瑞々しい色白の肌は、きめが細やかで透明感があります。

丈の長いベージュの帽子、茶色の上衣とベージュの下衣（バルーン風のパンツ）といったお召し物で、優しくて真面目な雰囲気が伝わってきます。

お名前をうかがったところ、天之手力雄命荒御魂と呼ばれる神様でした。

経《ふ》津《つ》主《ぬし》神《のかみ》荒《あら》御《み》魂《たま》

《経津主神荒御魂と出会った神社》香取神宮

下総国一之宮である香取神宮（千葉県　P２４７）は、全国に約４００社ある香取神社の総本社。その歴史は古く、創建は神武天皇の御代18年と伝えられています。明治以前に「神宮」の称号を名乗れたのは伊勢神宮（三重県）、香取神宮、そして常陸国一之宮である鹿島神宮（茨城県）の３社のみ。

香取神宮のご祭神は経津主大神。全国的にも珍しい黒を基調とした拝殿は、独特の雰囲気があります。

こちらで神様をお呼びしたところ、見た目の年齢は38歳くらい、身長１６０㎝ほどの女性の神様がお姿を現しました。スラッとした美しい神様で、長い髪を後ろで一つにまとめておられます。

黒い着物をお召しになり、裾の部分には鮮やかな花柄が入っています。ゴールドの細かい刺繍が施された帯は、黒い着物にとても映えていました。

お名前をうかがったところ、経津主神荒御魂と呼ばれる神様でした。

多岐津比賣命《たぎつひめのみこと》

《多岐津比売命と出会った神社》江島神社

天女が舞い降りたなど数々の伝説が語り継がれる江ノ島。その島の中心に鎮座する江島神社（神奈川県 P２４８）は、日本三大弁財天の一つとして数えられ、田寸津比賣命を祀る「辺津宮」、市杵島比賣命を祀る「中津宮」、多岐津比賣命を祀る「奥津宮」の３社の総称でもあります。

奥津宮の拝殿でお会いしたのは、見た目の年齢が35歳～37歳、身長１５８㎝ほどの女性の神様でした。透明感のあるバラ色の頬、腰まで届く艶やかな黒髪が印象的な美しい神様で、つんと澄ました感じはなく、おだやかでハッピーな神気をまとわれていました。そんな中にも芯が強く、熱い思いが伝わってくるという感じです。

ふんわりとしたオーガンジー素材のような白い装束をお召しになり、襟元にはクリーム色の緑取りがされています。

お名前をうかがったところ、多岐津比賣命と呼ばれる神様でした。

中津宮の市杵島比賣命、辺津官の田寸津比賣命とお力を合わせ、江ノ島一帯をお守りくださっているとのこと。みなさんも江島神社を参拝される際には、辺津宮、中津宮、奥津宮の順にお詣りされることをおすすめします。

表筒《うわつつ》之《の》男《おの》命《みこと》

《表筒之男命と出会った神社》**住吉大社（大阪府）**

摂津国一之宮にして全国に約2300社ある住吉神社の総本社でもある住吉大社（大阪府 P248）は、「すみよっさん」の呼び名で親しまれている神社。山口県と福岡県にある住吉神社とともに「日本三大住吉」に列せられています。

伊勢神宮（三重県）や出雲大社（島根県）とともに長い歴史を持ち、直線的な屋根など古来の神社建築様式をいまにとどめる本殿も見どころです。

ご祭神は、住吉三神（住吉大神）とも呼ばれる表筒之男命・中筒之男命・底筒之男命に加え、神功皇后の4柱。

こちらの神社でお会いしたのは、男性のお姿をされた神様です。見た目の年齢が35歳〜40歳、身長は172〜173cmほどで細身の体型。色白の肌に切れ長の目が印象的でした。お召し物は上衣がクリーム色、下衣は薄いグリーンのパンツスタイルです。

お名前をうかがったところ、表筒之男命と呼ばれる神様でした。

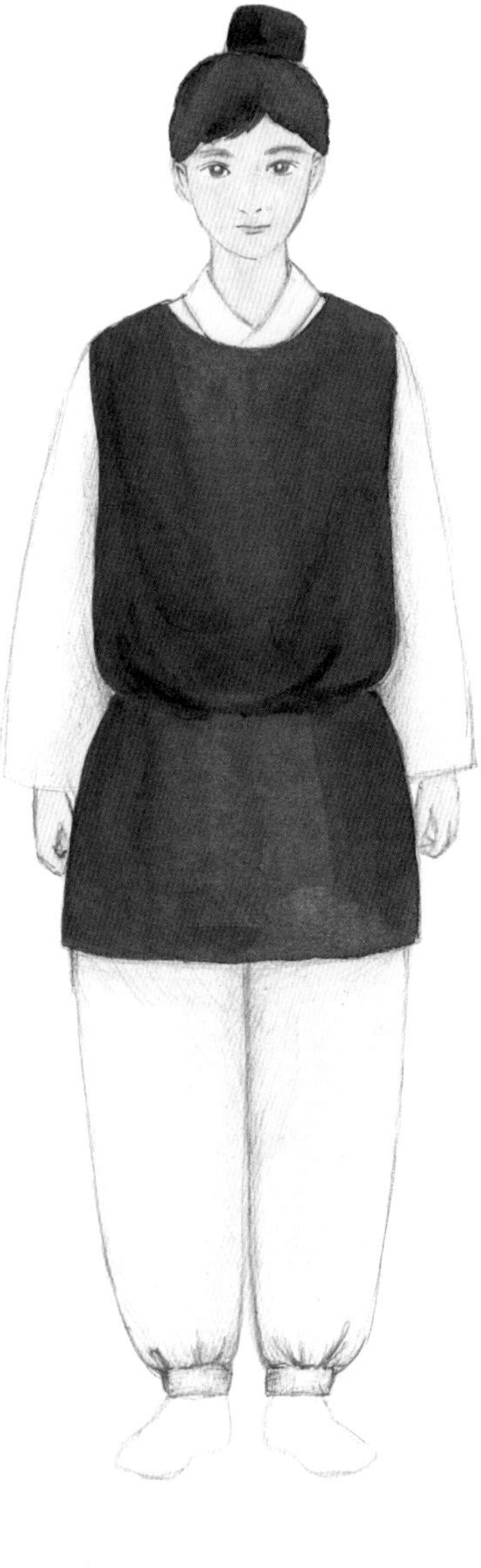

中筒之男命《なかつつのおのみこと》

《中筒之男命と出会った神社》住吉神社（山口県）

長門国一之宮の社格があり、大阪府の住吉大社、福岡県の住吉神社にならび「日本三大住吉」の一つに数えられる住吉神社（山口県Ｐ２４９）。

ご祭神は、住吉三神（住吉大神）とも呼ばれる表筒之男命・中筒之男命・底筒之男命のほか、応神天皇、武内宿禰命、神功皇后、建御名方神の７柱。

国宝に指定されている本殿は第１〜第５の社殿で構成され、住吉三神を一つに括るかたちで第１殿にお祀りされているのが特長です。また、大阪の住吉大社では三神の和魂を祀るのに対し、こちらの神社では荒御魂をお祀りしています。

ここでお会いしたのは、中筒之男命と呼ばれる男性のお姿をされた神様です。

見た目の年齢は40歳くらいで、身長１７５㎝ほど、他の神様に比べると肌の色が浅黒く、体型のがっちりした神様です。

小さめの黒い帽子とクリーム色の上下衣をお召しになり、その上から黒いベスト風の上着とエプロンのようなものを着けておられます。

底筒之男命《そこつつのおのみこと》

《底筒男命と出会った神社》**住吉神社（福岡県）**

筑前国一之宮にして全国に約２３００社ある住吉神社の始源と言われる住吉神社（福岡県　P２４９）。創建は１８００年以上も前にさかのぼると言われます。また、大阪府の住吉大社、山口県の住吉神社とともに「日本三大住吉」の一つでもあり、航海安全と船舶守護の神として古くから信仰されてきました。

直線的な屋根が特徴の本殿は、初代の福岡藩主・黒田長政が再建したもの。古来建築様式を用いた住吉造の建造物として、国の重要文化財に指定されています。

ご祭神は表筒之男命、中筒之男命、底筒之男命の住吉三神と、天照大御神、神功皇后。こちらの５柱をあわせて住吉五所大神と呼ばれています。

ここでお会いしたのは、男性のお姿をされた神様です。

見た目の年齢は38歳～40歳、身長１７５㎝ほどのスラリとした細身の体形と、色白で切れ長の目をされた神様です。

お召し物は、黒い木綿の布を頭に巻いておられ、上下ともに濃紺色で艶のある素材を使ったパンツスタイルの装束です。

お名前をうかがったところ、底筒之男命と呼ばれる神様でした。

天津《あまつ》日《ひ》高《だか》彦《ひこ》穂《ほ》穂《ほ》出《で》見《み》尊《のみこと》

《天津日高彦穂穂出見尊と出会った神社》**鹿児島神宮**

大隅一ノ宮である鹿児島神宮（鹿児島県　Ｐ２５０）は、古事記に登場する海幸彦・山幸彦の神話の聖地として知られ、いにしえの時代には高千穂宮（皇居）があった場所とも伝えられています。

ご祭神は、天津日高彦穂穂出見尊と豊玉姫命。県内最大の木造建築物である漆塗りの社殿は、県指定有形文化財に指定されています。

こちらの神社でお会いしたのは、男性のお姿をされた神様です。見た目の年齢は38歳～40歳、身長１７５cmほどのスラっとした体形で優しい感じの神様です。つるんとした生地でできた黒い上下衣をお召しになり、帽子から長く飛び出ているものは、張りのある黒い布です。

お名前をうかがったところ、天津日高彦穂穂出見尊と呼ばれる神様でした。

建御名方神《たけみなかたのかみ》・八坂刀賣命《やさかとめのみこと》

《建御名方神・八坂刀賣命と出会った神社》諏訪大社

長野県下の諏訪湖エリアに広大な境内地を持つ諏訪大社（長野県 P250）は、信濃国一之宮であり、全国に約2万社ある諏訪神社の総本社。諏訪湖を挟んで南側に2社（上

社本宮・上社前宮)、北側に2社(下社春宮・下社秋宮)の計4社を構えています。

有名なのは、7年目毎に開催される日本三大奇祭の一つ「御柱祭」。神社を守るように、境内の4隅には御柱がそそり立っています。

上社のご祭神は、雨や風を司り自然の恵みにご利益のある建御名方神と、その妻神にあたる八坂刀賣命。下社では、この2神のほかに八重事代主神をお祀りしています。

こちらの神社では、ご祭神である3柱の神様とお会いしましたが、その際に不思議なことが起こりました。わずかな時間ですが、突然タイムスリップしたかのように、着物姿のたくさんの参拝者が見えたのです。ひと昔前の情報をキャッチしたのでしょう。

建御名方神は、見た目の年齢が40歳くらい、紺のストライプ柄の上衣にシルバーグレーのストライプの袴をお召しになっていました。

八坂刀賣命も同じく、見た目の年齢が40歳くらいで、身長158㎝ほど、卵形の小顔で美形な神様です。黒地にたくさんの花がちりばめられた柄の着物をお召しになっていました。

思兼命《おもいかねのみこと》・石凝姥命《いしこりどめのみこと》

《思兼命・石凝姥命と出会った神社》**日前神宮・國懸神宮**

3社ある紀伊國一之宮の一つである日前神社・國懸神宮（和歌山県　P251）には、境内に2つの神社が鎮座しています。鳥居をくぐって参道を進み、突きあたりを向かって左側に行くと日前神宮、右側に行くと國懸神宮があります。

日前神宮は日前大神をご祭神とし、相殿神として思兼命と石凝姥命をお祀りしています。日前神宮の拝殿で神様をお呼びしたところ、思兼命と呼ばれる男性のお姿をされた神様と、石凝姥命と呼ばれる女性のお姿をされた神様の2柱が現れました。

思兼命は見た目の年齢が40代前半、身長178cmほどで、黒い帽子に黒い上下衣の装束をお召しになっています。目が粗く風通しのよい柔らかな風合いの素材です。黒いラインが入った襟元の生地には光沢があります。

石凝姥命は、見た目の年齢が30代後半、身長158cmほどの細身な体型で、色白の美しいお顔立ちです。柔らかくてしなやか、ふんわりとした優しい印象が伝わってきました。小さなお声は高くも低くもないトーンです。天照様と比べておとなしい「気」を感じました。

柔らかな布を使った白い帽子をかぶり、独創的なデザインの白い装束をお召しになっています。胸の部分は厚めの生地を使って卵型の円になっており、逆に、腕や脚などの部分は薄い生地でできています。

日前神宮ではご神体として日像鏡を奉祀し、國懸神宮ではご神体として日矛鏡を奉祀していますが、私は境内でこれらを拝見しました。

一つは、木製の脚がある鏡置きの上に立ててあり、もう一つは、木製の鏡置きに横向けで置かれた状態でした。鏡は、双方ともに中央部分が膨らんでいる円形をしています。

全国の神社巡りをする中で、残念ながら〝やられた〟お姿の神様とお会いする機会が多いのですが、思兼神に初めてお会いしたときは〝やられた〟状態ではなく、なんとなんと、鏡の中に入っておられました。

ご神体の鏡の中で、自らの身を守っておられたようです。

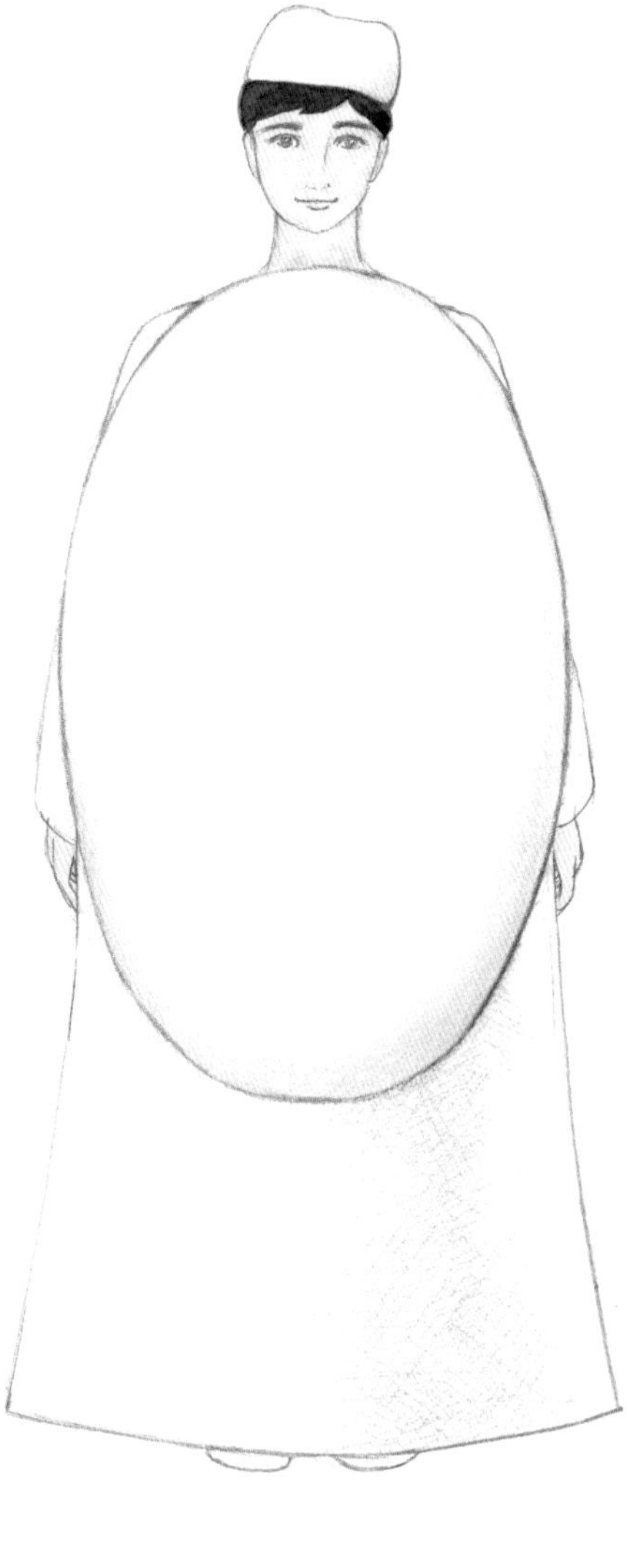

寒川大明神《さむかわだいみようじん》

《寒川大明神と出会った神社》寒川神社

鶴岡八幡宮と並び相模国一之宮である寒川神社（神奈川県Ｐ２５１）は、全国でも珍しい八方除の守護神として知られ、多くの参拝者が訪れています。

ご祭神は寒川比古命と寒川比女命であり、この2柱を奉称して寒川大明神と呼んでいます。

こちらの神社でお会いしたのは、男性のお姿をされた神様でした。見た目の年齢は35歳～40歳、身長１７５㎝ほどで中肉中背の体形でした。紺と黒のストライプ柄の着物をお召しになり、グレーの帯をされています。

この地域をお守りになられている氏神様とのことです。

大山咋神《おほやまくひのかみ》

《大山咋神と出会った神社》日枝神社／松尾大社

かつては江戸城の鎮守とされ、地域の人たちから「山王さま」と呼ばれ親しまれている日枝神社（東京都　P252）。境内の宝物殿には、重要文化財を含む徳川将軍家ゆかりの宝物が多数収蔵され、江戸三大祭の一つに数えられる山王祭も有名です。

ご祭神である大山咋神と呼ばれる男性の神様とは、こちらの神社で初めてお会いしました。身長170cmほどで、中肉中背のがっちりした体型、若々しく元気な神様です。「ありがとうございました」と何度も深々と頭を下げて感謝してくださっていたお姿を思い出します。

上衣が薄いグレー、下衣が濃いグレーの装束をお召しになっています。日枝神社では帽子をかぶっておられませんでしたが、のちに松尾大社（京都府　P252）でお会いした際には背丈のある帽子をかぶっておられました。

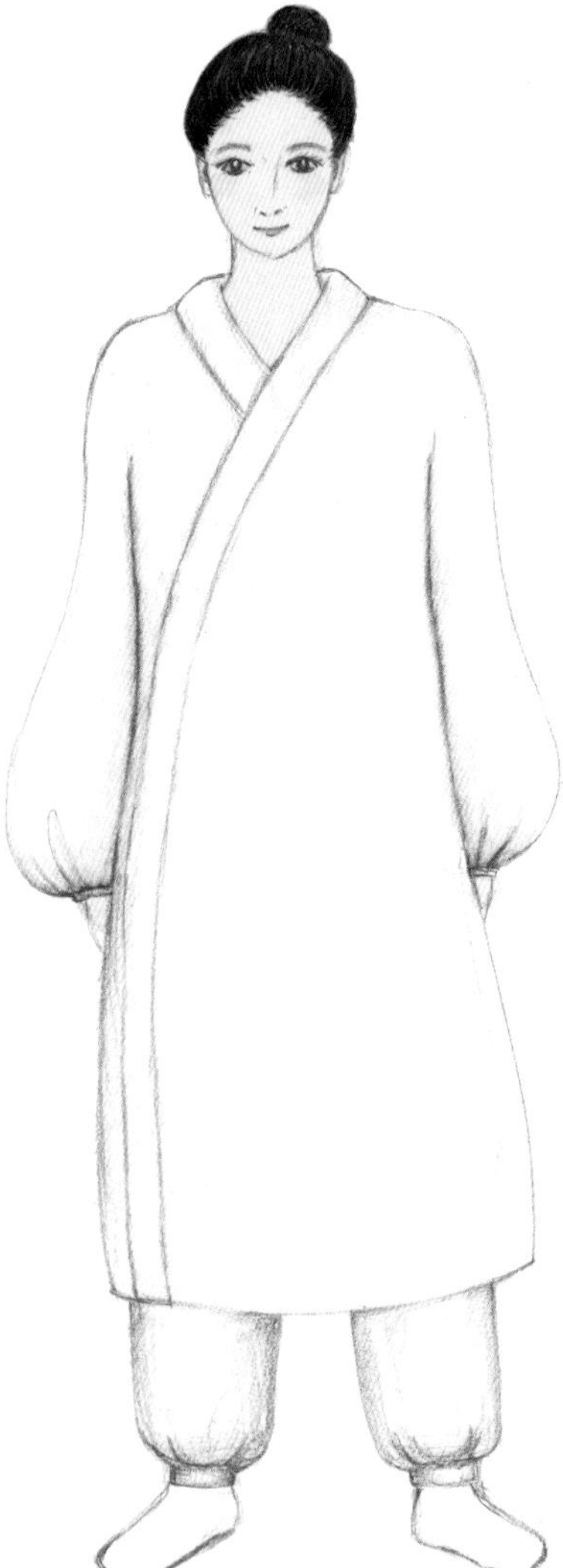

稚日女尊《わかひるめのみこと》

《稚日女尊と出会った神社》**生田神社**

神戸市の街なかにありながら、境内には「生田の森」と呼ばれる豊かな自然が残され、古くから神戸の氏神様としても多くの信仰を集めている生田神社（兵庫県 Ｐ２５２）。日本書紀にもその名が記されているほどの歴史があり、かつては源平の古戦場でもあったそうです。

ご祭神は、「若く瑞々しい日の女神」との意味を持つ稚日女尊。天照様のご幼名とも、妹神とも言われています。

こちらの拝殿でお会いしたのは、女性のお姿をされた神様でした。

見た目の年齢は38歳〜40歳、身長は１５５cmほどのスリムな体形の神様です。クリーム色のガウンのような衣装をまとい、足元から白い下衣がのぞいています。

お名前をうかがったところ、稚日女尊と呼ばれる神様でした。天照様に確認すると、「私から産み出た神様です」とおっしゃっていました。

豊玉姫命《とよたまひめのみこと》

《豊玉姫命と出会った神社》**豊玉姫神社**

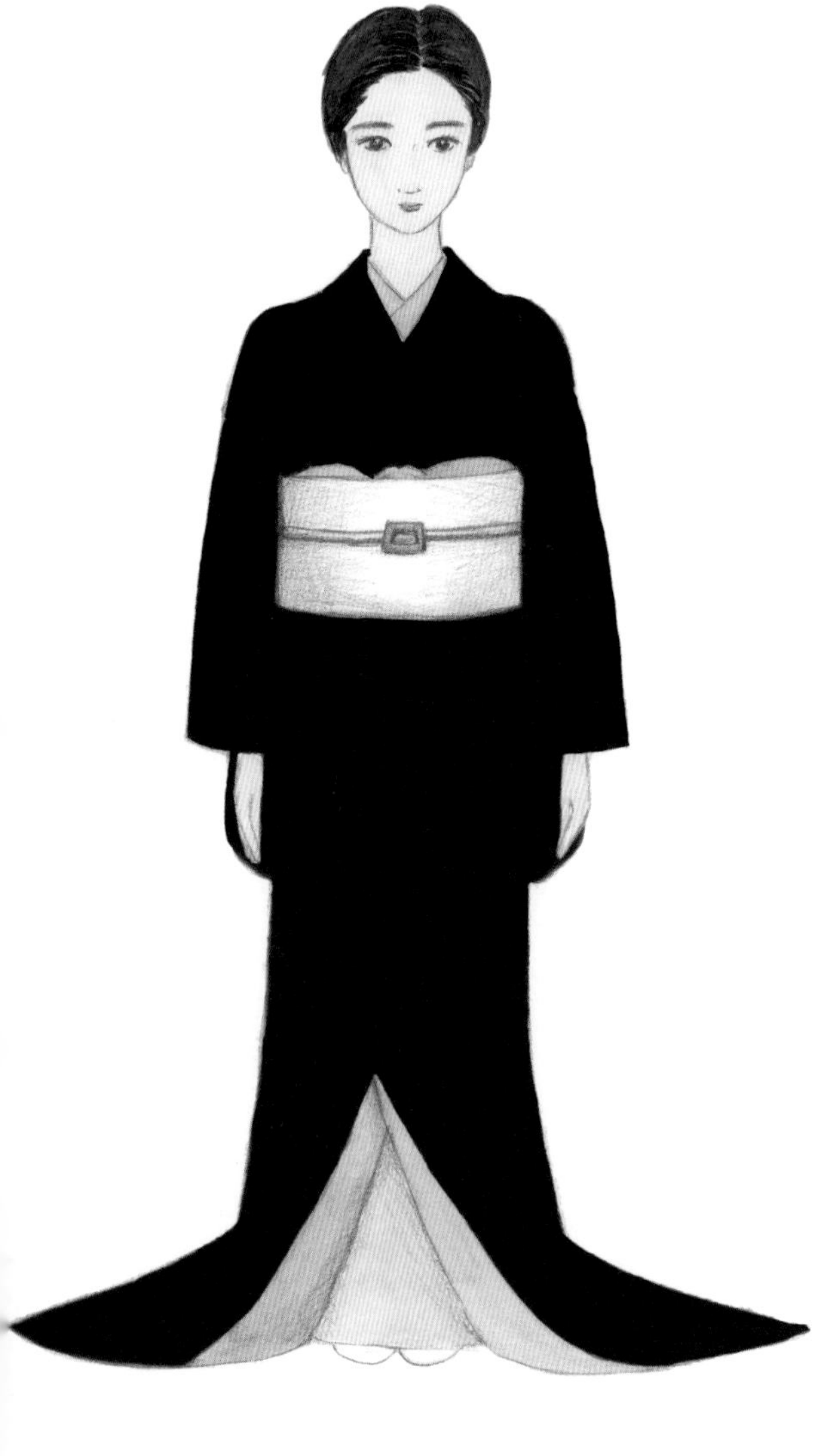

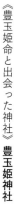

のどかな田園風景の中に厳かなたたずまいを見せる豊玉姫神社（鹿児島県　P２５３）。全国的にも珍しい、水車の力で動くからくり人形「薩摩の水からくり」が奉納されることでも知られています。

神社の名の通り、天津日高彦穂穂出見尊（山幸彦）の妻神である豊玉姫命をお祀りしており、「玉のような美しい子宝に恵まれる」という信仰のもと、安産祈願にご利益があると言われています。

こちらの神社には、女性のお姿をされた神様がおられます。見た目の年齢は40歳くらいで、身長１５８㎝ほどの小顔で色白、姿勢が美しい神様です。

お召し物の黒い着物は、裾にかけてグレーのぼかしが入ったデザインです。グレーで厚めの帯と、クリーム色の帯締めをされています。

お名前をうかがったところ、豊玉姫命と呼ばれる神様でした。

神社をお守りすることの大切さ

私がいのちをかけて神様をお守りする理由は、人間はもとより、すべての生命を大切に思い、心より愛しているからです。

清らかな神様と人類がどうすれば昔のような交流を取り戻せるのか。人類は、清らかさが当たり前と思えるようになるのか。人類は、正しく進化できるようになるのか。このことに尽きます。

なぜなら、「清らかさが当たり前」と思えることこそが生命をまっとうする本意であり、多くの方たちが幸せだと感じながら生きることの答えだと理解しているからです。

だからこそ、私は人生のすべてを捧げてきました。それはこれからも変わりません。

今日までの神社巡りにおいて、神社という場所と神様の置かれている状況が人間の世界を色濃く物語っていることがよくわかりました。

人間の欲望の強さ、この社会の穢れ具合と比例するかのように、多くの神社が荒廃し、神様の世界は凄惨を極めています。

神社は、清らかな神様をしっかりとお守りする場所でなければなりません。いのちあるすべての存在とのつながり、感謝の気持ちを取り戻せる場所として機能すべきなのです。何かに迷ったり悩んだりして心が疲れたときでも、神社の清らかな空間にたたずめば、自然と心が落ち着いて「自分は一人ではない」ことを実感するはずです。

ところが、どうでしょう。人間は地球を汚して、自分たちの生活環境でさえも汚染まみれにしながら、自らの首を絞めて苦しんでいます。

汚れは肉体を蝕み、感性を鈍化させます。そして、正誤の判断能力を低下させ、迷いを生み、他人を思いやる気持ちの余裕も持てなくなり、やがては攻撃的になります。

平気でウソをつき、物事を曖昧にしてごまかすことが当たり前となった世の中では、何が正しくて何が誤りかわかりづらくなっています。ひどい場合には、言い逃れをするだけではなく、傷つけた相手をさらに攻撃して痛めつけるといった始末です。

みなさんの周囲には、そのような人はおられませんか？

ご自身はいかがですか？

悪循環のスパイラルに陥っていませんか？


私が目の当たりにした神様の世界は壮絶なものでした。

鬼たちに捕縛された姿で神様が監禁されていることや、異形の外見をした強大な魔獣が神社を支配している状況を目の当たりにしたときは、心底恐ろしくなりました。このままでは人類が間違った方向にどんどんと退化していく。たくさんの人が不幸せになっていくと心を痛め、悩みに悩んだものでした。

神様の世界はこの世の写しです。少しでも神様がよい状態になられ、神社が正常化すれば、救われる人も増えると思っています。

鎮守の森や美しい海を守ること。聖域である神社という浄化槽を守ることが大切です。

私は「清らかな神様を守護しなければならない」と心に誓い、できる限りのことを日々実践しています。


歴史の裏で暗躍する、目には見えない穢れた存在たち。それらと対峙しながら神社の境内で繰り広げられる苛烈な戦いは、混じりっけなしのノンフィクションです。

みなさん、地域の神社やお寺のゴミを拾い、掃除をしてきれいな状態を保ちましょう。ご神職またはご住職に相談して、氏子や近所の方々とも話し合い、地域の環境を改善しながらきれいな空間を広げていってください。

第4章

清まれば人生が変わる　清めのステップ！

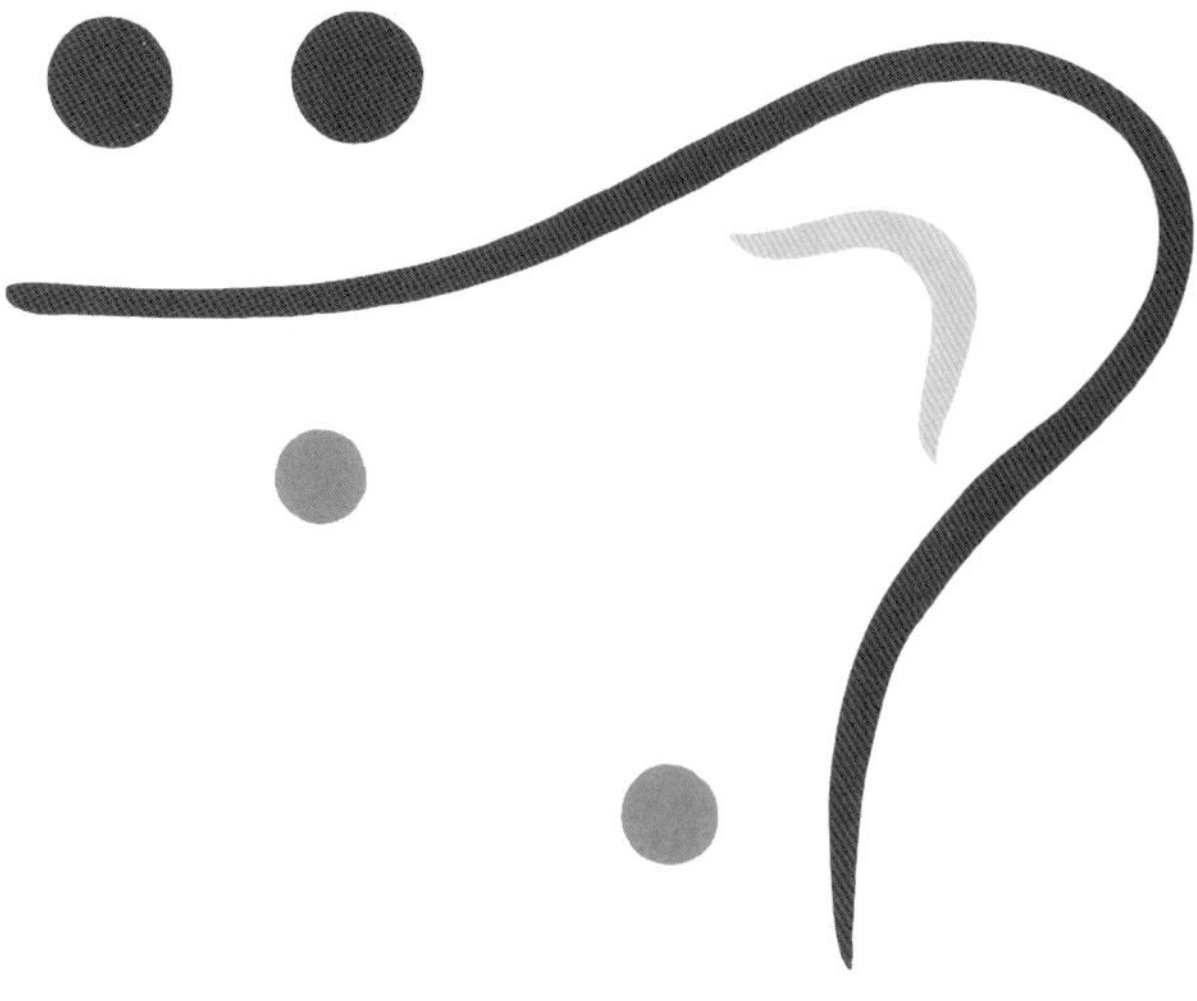

あなたも「気美人」「イ気《ケ》メン」を目指そう!!

みなさんは、「気美人」という言葉を聞いたことがありますか?

「気美人」とは、清らかな「気」に満ちた人のことを指します。まわりを見て、そのような清らかな人はおられますか? あなた自身はいかがでしょうか?

メイクやファッションによってつくられた美しさではなく、また年齢や性格や育ちといった要素も関係ありません。高価な化粧品を使い、ブランドの服で着飾っているから美しいわけではありません。美容整形によって目や鼻や骨格を変えても「気美人」になれるわけではないのです。


「気美人」の条件とは、唯一、体から穢れた「気」を放出していないこと。そのような「気美人」と一緒にいると、心が洗われた気分になります。どんなに年齢を重ねても肌ツヤがあって瑞々しく、まるで森の中にいるかのような清々しい存在感で、誰もが魅了されるのです。

「気美人」とは、長く会話をしても疲れることがありません。なぜなら、穢れた気を肉体から出していないからです。別れたあとも爽やかな余韻を長く残す。そんな女性のことを「気美人」と言います。

人は誰でも肉体から「気」を発していますが、その質は千差万別です。というより、現代人の多くは無意識にも悪い「気」をただ漏れさせています。私から見れば、気の乱暴者と言わざるを得ません。

たとえば、「あの人と一緒にいると、なぜかぐったり疲れてしまう」ということはありませんか？　こういう場合は、相手が発している穢れた「気」の影響を受けてしまっていると考えられます。その相手は、もちろん自らが発する「気」でまわりに迷惑をかけていることなど知る由もありません。

たとえ見た目が絶世の美女であっても、あるいはお金をかけて美しく装っていても、肉体から発せられる「気」の質をごまかすことはできません。感受性が豊かな方であれば、相手が発する「気」の良し悪しを繊細に感知することができるはずです。

頭ではなく、心と体で感じてみてください。目には見えないけれど、それは間違いなく存在しています。

あなたが「気」のソムリエになれば、手触りや肌触り、色彩やにおいなどの五感でわかること以上に、肉体から発せられる「気」によって、相手の本質をズバリと見抜くことができるでしょう。その判断には、容姿や学歴や家柄などの世俗的な条件はまったく考慮されません。


さて、あなた自身の「気」はいかがですか？　肉体から悪い「気」を発して周囲に迷惑をかけてはいないでしょうか。

もしもあなたが「目立ちたい」「個性を発揮したい」と考えているようであれば、残念ながらその存在感は、清らかさとは相反すると言わざるを得ません。そのような自己顕示欲は、あなたの「気」を穢すからです。

ときには、誰かに愚痴をこぼしてストレスを発散させることもあるかもしれません。そんな場面では、話を聞いている相手に対して悪い「気」をまき散らしていることを自覚する必要があるでしょう。

周囲への悪影響に気づき、自らの言動を振り返ると同時に、「聞かせてごめんなさい」「聞いてくれてありがとう」という気持ちをどうぞ持ってください。その思いやりが「気美人」をつくると私は考えます。

清らかな「気」に満ちた女性が「気美人」であれば、清らかな「気」に満ちた男性のことを、私は「イ気《ケ》メン」と呼んでいます。世間では、顔立ちやスタイルがよい男性のことをイケメンと言いますが、本来の「イ気メン」は、見た目が条件ではありません。学歴や地位や名声なども関係ありません。

心と体が清まっているので、「気美人」と同じように、その人の持つ清々しさで周囲の人を心地よくし、誰からも愛されます。

そして、「イ気メン」はパートナーに対しては一途です。豊かで繊細な感受性を持ち、常に相手の立場になって行動できるので、たとえ異性からモテたとしても女性の気持ちをもて遊んだり、利用したり、ごまかしたりすることはないでしょう。

当然ながら浮気をすることもなく、また浮気をするような相手をパートナーには選びません。体感として得られる情報で精査するため、そもそも穢れた考えや行動をすることがないのです。

現在の地球環境は、清らかさとはかけ離れたひどい状況にあると私は思っています。とりわけ自然が少なくコンクリートに覆われた都市部では、あふれる人やものによって空間が穢されています。自然に負荷をかけながら暮らし、自分の本心をごまかし、感性を鈍らせなければ生きづらい世界。その環境に身を置きながら、清らかな心と体をつくることは容易ではありません。

実際にも、このような環境下では「生きることがつらくて苦しい」と思いがちですが、それは正常な感覚を持っている証拠と言えるでしょう。心身が清らかであれば、環境の穢れをすぐに察知しますが、心身が穢れていれば、環境に同化するので違和感を持つことも少ないからです。

要するに、穢れた空間でも清らかさを保っている「気美人」「イ気メン」は、繊細ながらも強靭な心と体の持ち主と言えるのです。

もの の本質をとらえる空間認識力を養おう

現代人は、五感をフル活用することなく、視覚に依存するかたちで多くの情報を読み取っています。ご存知の通り、五感とは視覚・聴覚・味覚・嗅覚・触覚のことを指し、そのうち視覚が占める割合は80％以上と言われています。

とくに自然から離れた暮らしを余儀なくされている都市部の人たちは、自然の中で草花のにおいを嗅いだり、直接手で触れたり、味わってみたり……といった五感を刺激する経験が圧倒的に不足しています。そのため感性が全体的に衰え、視覚すら十分に活用できていないのが現状です。

当然ながら、目に見えるものはわかりやすく、目に見えないものはわかりづらい。感覚が鈍っている現代人は、目に見えている世界だけをすべてと思い込みがちですが、私が「気」から読み取っている情報量に比べると、視覚で得られるものは全体の１割にも満たないのです。

まずは、その事実をしっかりと認識しましょう。

本来の「見る」という行為は、対象物だけでなく、その周辺にも意識を向け、他との違いを感じ取ることが求められます。

たとえば、絵画や陶器などを鑑賞する際には、作品を取り巻く空間も含めて、そこから得られる膨大な情報を精査し、清らかさの度合いなどを全身で感じ「見る」のです。

こういった空間認識力は、対人関係にも役立ちます。

私は、視覚だけでなく他の感覚器官を総動員して「気」をとらえています。そのため、見目麗しい人から悪臭を放つ穢れた「気」が吹き出ている様子もたくさん見てきました。

空間認識力を高めれば、人が発する「気」の質も手に取るようにわかるので、相手の言葉や態度に左右されることもなくなるでしょう。人やものの本質が「見える」世界は、あなたの価値観を一変させるに違いありません。

手のひらセンサーの感度を磨く方法

ここで一つ、試していただきたいことがあります。

お財布からお札を一枚取り出し、開いた状態で手のひらに乗せてください。しばらく経つと、お札の四隅が反り返ってくるでしょう。今度は、改めて紙幣を手のひらに置き直して意識を集中すると、反り返るスピードが速まります。

これは（お札が普通の紙とは異なる特殊なものなので）、手のひらから蒸発する水分によってお札の繊維にその水分が入り込み、変形するというしくみです。

この現象からは、人体が常に熱や水分を体外へ放出していることがわかります。つまり、心や体が清らかな状態であれば、放出される熱や水分は清らかな状態になり、心や体が穢れた状態であれば、放出される熱や水分も穢れた状態になります。

ご自身の肉体から発せられる「気」を意識することは、いまや社会のエチケットであり、オシャレの一環です。それをいかに清らかなものにするか。そのためには衣食住をどのように整え、地球環境に対していかに負荷の少ない暮らしを実践するか。みなさんの生活習慣がとても重要になってきます。

人・もの・場所から発せられる「気」を敏感に察知する高性能センサーが手のひらです。まずはいろいろなものに手をかざし、先入観なしにそれぞれの「気」の違いを感じてみましょう。

センサーの感度を高めるコツは、気持ちを落ち着かせ、手のひらに意識を集中させること。こうした「気」比べの訓練を重ねると、ビリビリする、ひんやりする、もわっとなま温かいなど、「気」の良し悪し、清さや穢れの違いが徐々にわかるようになってきます。手のひらセンサーに磨きがかかると、ドテッとした鈍そうな手から、繊細で艶やかな手に見た目も変わってくるでしょう。

柏手や合掌など、神様と向き合う所作にも手のひらは深く関わってきます。体のパーツの中でもとくに重要な役目のある手のひらを、あなたはぞんざいに扱ってはいませんか？高性能な精密機械のようにきめ細やかなケアを施し、手のひらの感度を高めるように努めてください。

ものを捨てて生活空間をスッキリさせよう

世の中には「片づけが苦手」という方が多くおられます。「忙しくて片づけるヒマがない」「ものに囲まれていたほうが落ち着く」などさまざまな理由があると思いますが、一日の疲れやストレスをリセットするためにも、自宅や自室をよい「気」に満ちた清々しい場所にすることが重要です。

そのためには、必要最小限のものだけを置く、シンプルですっきりとした空間づくりを行ってください。部屋にものがたくさんあると、外から持ち込まれた悪い「気」がそこに付着しやすく、ホコリやゴミとともに悪い「気」がどんどん蓄積されるからです。

たとえば、タバコを吸う住人の部屋には、タバコのにおいが染み付いた洋服や小物がたくさんあるのと同じように、ゴチャゴチャした部屋には、あらゆる持ち物に悪い「気」が付着して溜まっていきます。住人はその状態に慣れっこなので、汚れた環境になかなか気づくことがありません。

とりわけ紙・木・石など自然素材のものには、長期にわたって「気」がこもりやすいのです。たとえば、神社でいただくお守りやおふだの多くは自然素材ですが、土地や神様の「気」を宿すという意味では理に適っています。私がご供養する際にも半紙を使います。その理由は「気」を宿しやすいからです。

部屋にあふれたものだけでなく、電波に乗ってくる映像や文字などの情報にも注意してください。

テレビをつければ毎日のように事件や事故の映像が流れ、パソコンやスマートフォンからはインターネットを通じて他人の情報が大量に送り込まれてきます。それらの情報もまた「気」の質を持っているので、肉体に多くの影響を与え続けます。

何より怖いのは、そんな状態に慣れてしまった住人が穢れに対して不感症になってしまうことです。残念ながら、よほど自然豊かな地域でなければ、屋外は汚れにまみれた状態です。せめて自宅や自室を清らかな空間にして感度を高めておく。そのためにも不要なものを捨てて、穢れたエネルギーが溜まりづらい、シンプルですっきりとした住環境を整えましょう。

神様をお招きしても恥ずかしくない、神社境内のような清々しい空間を目指してください。

ユーモアとともに、明るく楽しく日々を過ごす

生きる上では、明るさも欠かせない要素でしょう。

私自身、物心がついたときから楽しいことを追求し続けてきました。どんなにつらく苦しいときでも、明るい気持ちでいるよう努めてきたのです。一緒にいる人がいつも楽しく過ごせるようにユーモアも忘れませんでした。

人生を振り返れば、こうして生きてきたおかげで、いのちが脅かされるような数々の受難を乗り越えることができたのだと思います。そんな事態に直面すれば、普通なら心身に大きなダメージを受け、ＰＴＳＤ（心的外傷後ストレス障害）といった症状が現れても不思議ではないでしょう。

私がお伝えしている「明るさ」とは、その人の見た目や印象だけを指すのではありません。

ときに「明るい人」に見られる大袈裟な振る舞いの裏側には、不安や嫉妬、執着などのネガティブな感情が見え隠れします。そのような方は、いつも人の輪の中心にいる人気者に見えても、人間関係のトラブルが絶えないというケースも珍しくありません。

じつは、もの静かで慎ましやかな振る舞いの中に「真の明るさ」を見出す場合が多くあります。清らかな「気」を放つ方は、たいてい人知れずひっそりとたたずんでおられます。目立たずとも、常にまわりを明るく照らしているのです。

人にはそれぞれ個性があります。いつも騒いで動きまわっている子どもばかりが「元気で明るい」わけではありません。口数が少なく、おとなしくて目立たなくても「元気で明るい」子どもはいます。

見た目の印象に左右されず、相手の真の姿を見るようにしましょう。労わりや慈しみの心を持ち、前向きに生きることこそが真の明るさなのです。そのような理解が世の中にどんどん広まればよいと願っています。

どんなに日々しんどくても、朝起きてから夜寝るまでのあいだ、楽しいことを探し、意識的にそれを実践してみてください。

「気美人」「イ気メン」になるための10の生活習慣

私から見ても、澄んだ鏡のような「気」を発している方はごくわずかです。このような汚れた社会で生きているため無理もないことかもしれません。それでも、清らかな「気」を発する人が増えれば社会は変わり、環境が変わり、必ずや清らかな世界が実現すると信じています。

いきなり神様のような清い気を出すことは難しいので、まずは悪い「気」を出さないように、日々の行動を見直しましょう。体臭や口臭のケアをするのと同じように、悪い「気」を出さないこともエチケットの一つとしてとらえてください。

次にご紹介する10項目を生活習慣として取り入れましょう。こうした悪い「気」を出さない習慣が身につくと、あとは自然と体が清まっていきます。ぜひ「気美人」「イ気メン」を目指して実践していただきたいと思います。

①自宅や自室をきれいにする

汚れた場所で生活していると、穢れに対して鈍感な体になってしまうため、できるだけ住環境をきれいな状態に保ちましょう。まずは整理整頓によって不要なものを処分し、片付けが終わったら、部屋の隅々まで徹底的に掃除をしてください。

②帰宅したら、まずは服を着替える

とくに都市部の街なかには悪い「気」が満ちています。歩いているだけで衣服に「気」が付着するため、帰宅したら上着を脱ぐだけでなく、すぐ部屋着に着替えてください。悪い「気」を自宅に持ち込まないための対策です。

③毎日早めに入浴して身を清める

屋外からの悪い「気」を自宅に持ち込まないためには、部屋着になる前に、お風呂に入るとベターです。全身を清潔に保つだけでなく、しっかりと湯船に浸かって疲れを取ることも「清まる」ポイントです。

④寝具を清潔に保ち、十分な睡眠をとる

老廃物を溜めない体になるには、質のよい睡眠をとることが大切です。その日の疲れを翌日に持ち越さないためにも十分な睡眠（質と時間）が必要です。また、シーツや枕カバーには穢れた「気」が付着しやすいので、こまめに洗濯するようにしましょう。

⑤何もしない静かな時間を持つ

体から発する「気」が穢れると、動きたい、食べたいという欲求が高まります。汚れた空間で過剰に動くことにより、毒素は排出されるどころか溜まる一方となります。また、頭を休めることなく考えを巡らせ続けることもよくありません。一日のうち何分か、何もしない静かな時間をつくりましょう。ボーっと過ごすのではなく、じっとすることがポイントです。

⑥本当の仕事について考え行動する

地球のためになる仕事が「本当の仕事」だという意識を持ちましょう。体が清まれば、思考と体感のバランスが整うので、地球への負荷を減らすことを当然として受け止め、行動できるようになります。

⑦きれいな場所で運動をする

運動をする場合は、よい「気」に満ちたところで行うのがベストです。たとえば緑の多い公園や、きれいに掃除された部屋など。逆に、人や車の往来がある屋外でのランニングやウォーキング、集団ヨガなどは、穢れた「気」を体内に取り込んでしまうのでおすすめできません。

⑧楽しみながら明るく毎日を過ごす

つらいことや苦しいことがあっても、自分が楽しめることを常に探して、明るく日々を過ごしていきましょう。一緒にいる人が楽しい気持ちでいられるよう、笑顔とユーモアを忘れないでください。

⑨外出する際はマスクをする

とくに都市部に暮らす方には、外出の際、マスクの着用をおすすめします。空間に充満する穢れた「気」を体内に取り込まないための有効な手段です。マスクの着用は、病原菌を移したくない、移されたくないという理由だけでなく、穢れた「気」から身を守ることも念頭に置きましょう。

⑩ においへの感度を高める

たとえ体感が鈍い方でも、においは比較的感じやすいのではないでしょうか。悪い「気」が溜まっている場所からは悪臭が立ち込めることがあります。常日頃から空間に意識を向け、場所ごとのにおいの違いを感じ取るように習慣づけておきましょう。何となくへんなにおいがするような場所は要注意です。

何をどう食べれば清まることができるか

「気美人」「イ気《ケ》メン」になるには、どのような食生活を送ればよいのでしょうか。

当然ながら、食べ物も清らかなものを選び調理することは大事ですが、農薬や食品添加物にこだわると買うものがなくなってしまうような時代、清らかな食べ物を探すことは至難の業と言えるでしょう。

２０１１年3月に起きた福島第一原子力発電所の事故により、（それ以前の基準と比べて）約1万４０００km^{2}もの広大な大地が放射線管理区域に指定されなければならないレベルにまで汚染されました。この土地を事故前の状態に戻すには、何十年、何百年という月日を要するそうです。

わが国の食品に含まれる放射能物質の数値ですが、事故前は平均して０・１ベクレル（Bq）／1kgほどでした。事故後、政府はその約１０００倍にあたる１００ベクレル／1kgまでを安全基準に設けました。そして、数値が１００ベクレル以下の食品を流通させ、販売しているという現状があります。

問題は、放射能汚染だけではありません。遺伝子組み換え食品、農薬や食品添加物が含まれた食品も巷にたくさん出回っています。

安心・安全な食品を選ぶ際には、商品の鮮度や品質はもちろん、産地や放射能検査の有無、パッケージに表示された食品添加物などもしっかりとチェックし、賢い消費者になりましょう。

栄養バランスについてですが、日本食の献立は「一汁三菜」が基本になります。ご飯と汁物におかず3種（主菜1品、副菜2品）で構成された献立です。

汁物にもおかずにも食材を多く使う「一汁三菜」は栄養バランスに長け、一品ずつ料理に合った和食器に盛り付けるのも特徴。日本の風土に培われた、先人の知恵を受け継ぐ優れた食文化の一つです。


私たちは毎日、いのちを維持するための生理作用に不可欠な栄養素を食することにより摂取しています。そのためには、食料としての殺生も避けられません。だからこそ、日々の食事を大事にし、自分のいのちを輝かせて生きることが感謝の行動につながると私は考えています。

共働き家庭が年々増えているいま、炊事は苦手、面倒という方も少なくないでしょう。どのような事情があるにせよ、ひんぱんにスーパーでお惣菜を買ったり、コンビニ弁当やファミレスで食事を済ませている方は、ぜひ一度立ち止まり、清らかな食事や食べ物について考えていただきたいのです。

感謝の気持ちとともに安心・安全な食材を選び、ぜひ「一汁三菜」の献立を実践してみてください。

清らかな生活を実践する3つの食習慣

澄んだ鏡のような「気」を発する「気美人」「イ気メン」になるには、体を変えることがもっとも近道になります。

人間の体内では毎日3000億個以上の細胞が新たにつくられると言われています。そのため、良くも悪くも毎日食べるもので体は変わるのです。体重や体調の変化はもちろん、肉体から発せられる「気」の質にも大きく影響します。

まずは、次にご紹介する3つの習慣を日々の食生活にいかしてください。体が清まり、優秀なセンサーとしての機能が発揮されるようになると、食品添加物や農薬などで汚染された食材は自然と受け付けなくなります。

また、体が清まるにつれて肉食が減ってくる傾向もありますが、ベジタリアンだからよいというわけではありません。何を食べるかではなく、食材の「気」を見分ける感性を磨くことが大切なのです。

①暴飲暴食を避ける

第一に、食べ過ぎには注意してください。暴飲暴食をすることで内臓は過重労働を強いられ、体感も鈍ります。そして、太り過ぎると体の各部位や器官に負担をかけやすくなります。「気」が穢れると、さらに食欲に走るという悪循環に陥ってしまいます。食事は、腹５分目から７分目を心がけましょう。肉体が清まれば、小食でも十分に足りるようになります。ダイエットなどで食事を極端に制限することも「気」が穢れる要因になるので注意しましょう。

②安全な産地、品質のよい食材を選ぶ

地元でつくられたものを地元で消費するという地産地消は、流通や保存に余計なエネルギーを使わない地球環境に優しい食スタイル。鮮度のメリットだけでなく、産地や生産者を知ることで安心にもつながります。逆に、スーパーやコンビニの加工品は、食材の情報を知ることができません。自分で食材を選んで調理することを心がけましょう。

③きれいな場所で心を込めて調理する

私には、料理から作り手の想念（気）が強く感じられます。売り上げ重視の外食チェーン・レストランでは、「疲れた」「嫌だ」「早く帰りたい」などの想念や穢れた「気」がたっぷり盛られた料理を出され、困惑したことがあります。できるだけ外食は避け、掃除が行き届いた自宅のキッチンで心を込めて調理しましょう。過剰な思いを持たない愛情という調味料が料理を美味しく仕上げてくれます。

清めのエクササイズ① 呼吸

体を清めるためのエクササイズを4つご紹介しましょう。

エクササイズというと体を動かすイメージがあるかもしれませんが、心と体の動きを鎮めることが目的なので、その逆になります。すっきりと整理整頓され、掃除が行き届いた安心できる部屋で行ってください。

まずは、「呼吸」です。これは体内毒素を抜く方法の一つです。

①鼻から息を吸い、鼻から息を吐きます
②大きく深い鼻呼吸を数回繰り返します
③小さく浅い鼻呼吸を数回繰り返します
④口から息を吐くことも試してみましょう

心を鎮め、意識は呼吸に集中させます。吐く息とともに体内毒素が放出される様子をイメージしながら行いましょう。

呼吸のエクササイズが終わったら、肉体から抜けた「気」（毒素）が部屋に充満するので、窓を開けるなどして空気を入れ替えてください。都市部などで戸外の空気が汚れている場合には、空気清浄器を使いましょう。

清めのエクササイズ② 集中

続いて、「集中」です。心を鎮めて静かに座り、自分の目の前に何かものを一つ置きます。意識を集中して、それを見つめてください。呼吸は普段通りで、まばたきをしてもかまいません。

ボーッとするのではなく、じっとものを見つめるのがコツ。1分、3分、5分と徐々に時間を延

ばしながら、できるだけ集中力を持続させましょう。

慣れてきたら、大きく深い鼻呼吸、小さく浅い鼻呼吸でもチャレンジしてみてください。回数を重ねるごとに、自分にとっての「集中しやすい呼吸のしかた」がわかるようになります。

清めのエクササイズ③　意識

続いて、「意識」です。これは少々難易度が高い技法になります。いくつかのものを用意してください。目の前に何か一つものを置き、ほかのものは部屋の隅々に配置します。

心を鎮めて静かに座り、意識を集中して、目の前のものを見つめてください。呼吸は普段通りで、まばたきをしてもかまいません。

その状態を維持しながら（目の前のものを見つめながら）、意識だけを別のもの（視界に入らない位置に配置したもの）に移してください。しばらくしたら、また別のものに意識を移します。これを何度か繰り返しましょう。慣れてきたら、目の前のものを見つめながら意識を複数のものに移してみてください。

こうしたエクササイズを積み重ねると、体感が向上し、空間から受ける情報量を増やすことができます。心身が安定してブレない状態になり、確実に清まっていくので、ぜひ習慣にしてください。

清めのエクササイズ④　自分整理

ここまでご紹介した「呼吸」「集中」「意識」の3つが、清めのエクササイズ・基本の「き」となります。ちなみに、これらをマスターして習慣化すれば、瞑想や坐禅が非常にやりやすくなるでしょう。

より効果をアップさせるには、これらに加えて「自分整理」を行ってください。これは心の整理に関するワークです。

まずは、掃除が行き届いた清潔な部屋で、心を鎮めて静かに座る、あるいは仰向けに寝転がってください。そして、次のことを自問自答してみましょう。

①あなたの寿命はあと1年です。あなたはどこにいますか？
②そのときあなたは誰といますか？
③そのときあなたは何をしていますか？
④いまのあなたの生活とは違いますか？

⑤違うのであれば何がどれだけ違いますか？
⑥なぜ違うのですか？　その原因は何ですか？
⑦あなたにとっていちばん大切なものは何ですか？
⑧それはなぜいちばん大切なのですか？
⑨あなたにとって家族とはどのようなものですか？
⑩あなたにとっての不安は何ですか？
⑪不安がある場合、それは何が原因ですか？

いかがでしたでしょうか。答えが一つではなく、複数あって迷ったという方も少なくないでしょう。

人生を歩むうえでの基本的な質問ばかりです。そして、その答えをはっきりさせておくことはとても重要です。なぜなら、その答えによっていのちの使い方が大きく変わってくるからです。

物事を整理して行動しているつもりでも、じつは心の中がとっ散らかった状態ということはよくあります。自宅や自室がそうであるように、心の中もきちんと整理されていないと「気」が穢れ、せっかくのエクササイズ効果も半減してしまいます。ぜひ「自分整理」を習慣にして、日頃から自分自身を冷静に、客観的に見つめてください。

※清めのエクササイズについては、さらに難易度の高いものや、他人の体を整えて清める方法なども用意しています。ご希望であれば、『大川知乃オフィシャルサイト』からお問い合わせください。

成仏していないご先祖様からの影響

肉体は、自分一人のものではありません。

感受性が乏しいため、「自分一人のものだ」と錯覚している方も多く見受けられます。

私たちはバラバラな存在ではなく、すべてのいのちは一つにつながっています。

改めてまわりを見渡せば、家族・親戚・友人・職場の仲間・ご近所さんなど、あなたはたくさんの人と関わって生きていることを実感するでしょう。その人たちがいてくれて、いまの自分の居場所があるのです。

また、あなたは両親、祖父母、曾祖父母……といのちのバトンリレーの末、この世に誕生しました。もちろん、いま生きている人だけでなく、すでにこの世を去った（肉体を持っていない）多くの人ともつながっています。なかでも生涯に渡り強い影響を受けるのが、亡くなった身内の方々、ご先祖様です。


自分が死んだら、これまで守ってくれていたご先祖様が手を引いて天国へと導いてくれる。もしもみなさんがそのように考えておられるなら、「そうではない」と言わざるを得ません。亡くなって成仏するかどうかは、自分の意志で決めるものです。天国からご先祖様が迎えに来て、勝手に成仏させてくれるわけではありません。

さらに問題なのは、成仏していないご先祖様が非常に多いという事実です。この世を去った人の魂は、本来ならば残された家族や親族が清まるようにサポートするのがお役目なのです。ところが、サポートするどころか、成仏していないご先祖様は生きている者にすがり、迷惑をかけることも多々あります。死後成仏できない人のもとに、同じく成仏していないご先祖様がやってきて、連れ立ってこの世をウロウロしているケースや、生きている身内のそばにいる場合も珍しくありません。

成仏とは、どのようなことを指すのでしょうか。

私の経験から言えば、生前の思いが清まり、生きている者への影響が「プラスマイナスゼロ」の状態になったことを「成仏した」と解釈します。言い換えれば、仏教でいう「無」の状態。ただし、私が見て感じるところによれば、成仏して何にも無くなってしまうわけではないようです。

生前の思いが清まらず成仏できていないと、子孫である生きている者に対してさまざまな悪影響を及ぼします。精神的な病、体調不良、家庭の不和、親子や夫婦間のトラブル、男女関係のもつれなども成仏していないご先祖様からの影響を多分に受けています。

また、たいていの人は世の中がいまより清らかな状態であっても、成仏するまでには少なくとも死後3年から5年はかかります。要するに、この世にあって亡くなってすぐの身内や親しい人に対し、「私たちを見守ってください」とお願いするのは無理な話なのです。

私は神様のお力を借りて、これまでに多くの先祖供養をさせていただきました。その経験から、たくさんのご先祖様が「死んだことに気づいていない」ということがわかりました。近年、病院で亡くなることが当たり前になりましたが、投薬で痛みを取り除き、ほとんど意識がない中で死を迎えることが原因の一つではないかと思っています。

また、成仏の意味を理解していないために、死後どこへ向かえばよいかわからず、ご家族のそばを離れないケースも目立ちます。

「死者は墓にいるもの」と信じている地域では、墓地に行くと、未成仏霊がたくさんいる場合もあるのです。

ご先祖様を清める9つの供養のしかた

世の中が清まるためには、亡くなられた方々に成仏していただかなければなりません。そうでなければ子孫を見守り、子孫が清まるサポートをすることもできないからです。

続いて、どうすれば未成仏のご先祖様が清まり、すみやかに成仏することができるか、9つのポイントをご紹介しましょう。

①亡くなられてすぐの方には、耳元で事実を言葉にして伝える
②亡くなられてすぐの方には、成仏してくださるようお願いする
③お線香を立て、毎日「成仏してください」と伝える
④四十九日、百箇日、一周忌などは家族や親族で集まり、手を合わせる
⑤仏壇やお墓には故人が好きだったものを供える
⑥未成仏のご先祖様がいる場合、自分から三代目上位までの家系図を書く
⑦家系図には、亡くなられた方のお名前と命日を書く
⑧ご先祖様一人ひとりの命日にお線香をあげる
（一人でもよいが、家族や親族が集まるとなおよし）
⑨少なくとも年1回はお墓参りに行き、お墓をきれいに掃除する

身内や親しい人と死に別れた直後、悲しい、そばにいたい、再会したいという気持ちがあふれ出る方も多くおられるでしょう。しかしながら、もっとも大切なのは、故人がなるべくすみやかに成仏することです。この世に思いを残しては旅立てないので、決して引き止めたりはしないでください。

それよりも、亡くなられてすぐの方には、耳元で「あなたは亡くなりました」との事実をしっかり伝え、「成仏してください」とお願いしましょう。このときに成仏の意味を「成仏＝清まること」と伝えると、行動がすみやかに促されるようです。耳元で伝える場合は、生前に会話をしたときと同じような話し方でかまいません。

未成仏のご先祖様に対しては、家系図をつくる・命日にお線香をあげる・年に1回はお墓参りに行くなどを実践してください。お墓参りの際は、スポンジや雑巾を使って墓石をきれいに磨き、その後はタオルで乾拭きし、お墓のまわりをほうきで掃き、清らかな状態を保つようにしましょう。

こういった供養のポイントは、ご先祖様を敬う気持ちとともに、お子さんやお孫さんの代まで伝えていってください。亡くなった方々がきちんと成仏されれば、あなたや子孫を見守る力が強まり、ご先祖様から流れ込む清らかな「気」に包まれることで一族の運命も好転するでしょう。

そして、あなたがこの世を去るときには、自分が成仏することの重要性がわかるので道に迷うこともありません。

ご先祖様が成仏すると、「すべてはつながっている」ことが腑に落ちるでしょう。自分の家族や子孫だけでなく、生きとし生けるものすべてが清まることに対して貢献する。それこそが人生最大の幸せだと気づかされるのです。

第5章

神様とともに、世界を清めましょう

清らかさを軸とする真の健康観とは

あなたにとっての健康とは、どのような状態を言いますか？

いきなりこのような質問をされても戸惑ってしまうかもしれませんね。

「心と体がすこやかで悪いところがなく、よく動くことができ、調和のとれた状態」との答えが一般的だと思います。また、普通の生活を送ることが健康の証だと思う方もいるでしょう。

それでは、普通の生活とはどのような状態を言うのでしょうか？

健康も、普通の生活も、人によってとらえ方は大きく異なるはずです。

健康の概念を理解するうえで外せないのは、世界各国が基準としている「世界保健機関（WHO）憲章」です。

それによると、**「健康とは、病気ではないとか、弱っていないということではなく、肉体的にも、精神的にも、そして社会的にも、すべてが満たされた状態にあることをいいま**

す」（日本ＷＨＯ協会仮訳）と定義されています。

また、次のようにも述べられています。

- 人種、宗教、政治信条、経済的あるいは社会的条件によって差別されることなく、最高水準の健康に恵まれることは、あらゆる人々にとっての基本的人権の一つです。
- 世界中すべての人々が健康であることは、平和と安全を達成するための基礎であり、その成否は、個人と国家の全面的な協力が得られるかどうかにかかっています。
- 子どもの健やかな成長は、基本的に大切なことです。そして、変化の激しい種々の環境に順応しながら生きていける力を身につけることが、この成長のために不可欠なのです。
- 健康を完全に達成するには、医学、心理学、関連する学問の恩恵をすべての人々に広げることが不可欠です。
- 一般の市民が確かな見解を持って積極的に協力することは、人々の健康を向上させていくうえで最も重要なことです。

（世界保健機関憲章前文より／日本ＷＨＯ協会仮訳）

ＷＨＯが提唱している健康の定義は、単に肉体的・精神的な健康のみならず、生命そのものの尊厳を重んじ、世界の平和と安全を達成するためにも大切な内容であると思います。

しかし、この憲章には「健康」について正しく理解されていない点があります。それは、「変化の激しい種々の環境に順応しながら生きていける力を身につけることが、成長のために不可欠である」という部分です。

たとえば、変化の激しい「汚れた環境」で、それらと順応しながら汚ない空間と一体化して生きる力を身につける。要するに、汚れた環境でも平気でいられる心や体になることが、果たして真の「成長」や「健康」と言えるのでしょうか？

汚れた環境で生活をしていると、そこに暮らす人もまた環境に染まるかたちで体が汚れ、その状態が当たり前になっていきます。一つひとつの細胞が汚れた方向へ展開し、環境と一体化することで感性の鈍い体をつくる。つまり、汚い場所やものを「汚い」と感じなくなるのです。

においについても同じで、悪臭漂う場所やものを「くさい」と感じなくなる。私は、そのような体の変化が「健康」とは決して思えません。

続いて、国際連合による健康観を見てみましょう。

国際連合では、２０１５年より６月21日を「国際ヨガの日」と定め、健康づくりのためのヨガを推奨しています。現在では１７５カ国以上がそれに賛同して世界各地で集団ヨガを実施しています。

自然に順応して自然と一体化することを目的とし、先人たちが体系化したヨガは、体内の「気」を活性化させる動作を一つひとつ型に落とし込んだものであり、「気」を重視する素晴らしい技法だと思います。

しかし、ヨガが効果的なのは、清まった場所で行った場合に限られます。汚れた場所や環境で行うと、むしろそれは逆効果になるのです。

国際ヨガの日には、ニューヨークのマンハッタンという大都会のど真ん中、タイムズスクエアで集団ヨガのイベントが開催されます。ヨガの発祥地であるインドでも、海軍空母の甲板で集団ヨガが行われたり、ニューデリー中心部の広場では数万人がごった返す状態で集団ヨガが実施されています。

排気ガスが充満した屋外で、しかも大勢の人が集まってヨガを行うことは、汚れた大気に加えて、他人から放出される穢れた「気」を大量に体内へ取り込むことになります。体感がさらに鈍るだけでなく、体調を崩す原因にもなりかねません。実際に、集団ヨガをして「ぐったり疲れた」という経験がある方も少なくないでしょう。

薬やサプリメントで健康を維持することに比べれば、集団ヨガのほうが「まだマシ」ではありますが、決しておすすめできる行為ではありません。


私の考える健康の定義とは、「清らかな空間と穢れた空間の違いを正しく認識できる、身体感覚が養われている状態のこと」を指します。

環境汚染は地球上のあらゆる場所で進行し、それは年々深刻度を増しています。清らかな場所を見つけることが困難な社会に暮らす私たちが、生きづらさを感じるのは無理もありません。空間に漂う穢れた「気」により体が蝕まれれば、心の安定も失われます。幸せを感じられず、心身を患うことの多い現代人は、総じて「環境病」と言ってもよいかもしれません。

地球規模での環境悪化が進行する中、汚れた環境下で体を整えることの矛盾について、広い視野に立ち、いま見つめ直す必要があります。

このまま人類が地球を汚し続ければ、一人ひとりの体内に毒素が蓄積され、それがさらなる欲望を増幅し、ますます「環境病」が蔓延する結果となるでしょう。その悪循環から抜け出すためにも、人類はこれまでの生き方を見直さなければなりません。人工知能・ロボット化などのテクノロジーを用いて汚染された環境下でも生き抜こうとすることは、「成長」や「進化」ではありません。それらは、心と体が清らかではないものが生み出す錯誤の一つと言えるでしょう。

くり返しお伝えしますが、人間の本質とは、「心身がいかに清まるか」に尽きます。それによって思考と体感のバランスが整い、すべての細胞が清らかな方向へと展開し、正しい進化が促されるからです。

すると、自分だけでなく、この世に生きとし生けるものすべてが清まることに喜びと幸せを感じるようになるでしょう。この境地こそが「真の健康」だと私は考えます。

神様が伝えてくれた、幸せになる3つの習慣

私は、これまでにもたくさんの清らかな存在であられる神様とお会いしてきました。神様の世界を通じて、真の幸せとは何かを学んできたのです。

幸せに生きるための大前提は、清らかな空間で暮らし、清らかな体づくりを実践することに他なりません。しかし、すべての人がいますぐに環境を整え、清らかな体になることができるわけではありません。

そこで、次にご紹介することを日頃から心がけるようにしてください。

幸せに暮らすためのコツは、世間でもよく言われますが、常に笑顔でいる・感謝の気持ちを持つ・自分と他人を比較しない・挨拶をきちんとする・正しい姿勢を保つ・十分な睡眠をとる・自分で考えて選択する・静かな時間を過ごすなどが挙げられます。それらはとても大切なことだと思います。

お会いした多くの神様から教わったことなのですが、なかでも極めて重要な心がけが3

つあります。

一つ目は、恩恵を受けたら返すこと。

関西弁で言うところの「もらいっぱなしやったら、あかん！」ということです。このことは、簡単なようで後回しになっていることが多く、もらって放置している方もたくさんおられるでしょう。自分が受けた恩を誠実にお返しする。これをきちんと実践すれば、あなたの人生に幸せの循環が生まれます。

すぐにお返しできる余裕がない場合は、お世話になった相手に対し「今は○○という事情でお返しすることができず、申し訳ございません。○○にはお返しさせていただきます」とお詫びを伝えたうえで真摯に、謙虚に、敬意を払うようにしましょう。

二つ目は、物事を曖昧にしないこと。

物事が思い通りにいかず、イライラしたり、自分の力不足に落ち込んだり、「○○のせいだ」と言い訳してみたり、「まぁいいか」と投げやりになったり……。そんな状況は日常茶飯事に起こるものです。

なぜひんぱんにこのような事態が起こるのかといえば、物事を曖昧にしているからに他なりません。感情に流されていると、同じところをグルグル回るだけで進歩がなく、忘れた頃に同じ問題が降りかかることになります。

こういった「物事が思い通りにいかない」経験を積み重ねることで、起こりもしないことに不安を抱く「取り越し苦労」のクセがつき、さらなる負の連鎖を引き起こしかねません。

そうならないために重要なのは、起こった出来事に対して冷静に、客観的に対処することです。

一歩引いた視点から物事をとらえ、ネガティブな感情に溺れることなく、うまくいかない原因は何なのかを見つめ直しましょう。すると、思いもよらない改善策が思い浮かぶものです。

具体的な方法がひらめいたら、すぐに行動すること。

躊躇してなかなか一歩が踏み出せない場合は、何が不安なのかをじっくりと検証してみてください。

また、悩みの袋小路にはまり、いつまでも暗闇のトンネルを抜け出せないときには、気持ちをパッと切り替えて、自分が楽しめることに時間を使いましょう。何が楽しいのかわからないという方は、あえて楽しいことを探したり、創作したりすればよいのです。

そういうことに頭を使うと、自然とリラックスできる状態になります。そうしたうえで起こった出来事を冷静に、客観的に見つめ、現状を整理して次の行動につなげていきましょう。

三つ目は、楽しく生きること。

これは前向きに物事をとらえるという意味です。自分にとって都合のよい解釈しかしないような「お花畑思考」とは異なります。「楽しく生きること」と「お花畑思考」との違いは、しっかりと現実を受け止めているかどうか。自分にとって都合の悪い現実もすべて受け入れ、それを正しく精査して初めて楽しさや喜びを味わうことができるのです。

「今日も面白いことがあるかな？　楽しいことがあるかな？　明日は○○をやって楽しもう！　○○をやれると明後日も楽しい気持ちで過ごせるから、明日も頑張ろう！」というように満喫した日々を過ごしてください。

もし楽しいことや喜べることが見つからなければ、どんな些細なことでも楽しいことを探し、あるいは創作しましょう。

こうして前向きに物事をとらえる習慣がつくと、穢れた「気」を受けづらくなり、自分の体がどんどん清まって運気もアップしていきます。つらい日々の中にも幸せを感じられるようになるのです。

最後に、どうぞユーモアを忘れないでください。

あなたに関わる人すべてが笑顔で楽しく生きられるよう、細やかな気配りをしていただければと思います。あなたのまわりに笑顔の花が咲き誇ることで、とりまく空間も浄化され、すべては清められていくのです。

あなたが清まることで実現する、清らかな世界

数十億年もの地球の歴史から見れば、人類誕生はほんの一瞬に過ぎません。にもかかわらず、気候変動や地球温暖化など人類が地球に及ぼしている影響は計り知れず、現在も環

境破壊は急速に進行しています。

そろそろ私たちは、見て見ぬ振りをやめなければなりません。過剰な欲望に動かされるばかりでは、あなたの存在自体が地球環境および空間を穢す要因となってしまうでしょう。

これ以上、子どもや孫たちの世代にしわ寄せがくることのないよう、一人ひとりのライフスタイルが環境悪化に起因していないかを注視し、日頃の行動を改めることが必要です。

そのためには、清らかな「気」を正しく感じられる体づくりが不可欠です。

体はウソをつきません。あなたが空間の質の良し悪しを繊細に感じ取ることができれば、地球環境が汚染されることの深刻さをダイレクトに受け止めつつ、清らかな空間のありがたさを実感するでしょう。清まることの重要性を、心の底から認識されると思います。

そして、世の中に清らかな人・もの・場所が増えると、今度は穢れた人・もの・場所が浮き彫りとなり、汚れが目立つ社会になるので、それらを清めようとする動きも活発化します。その力はとてつもなく大きいので、結果として現在よりもはるかに住みやすい世の中がつくられるでしょう。

すると、人それぞれの心のあり方にも変化が起き、穏やかでおおらかに生きることが当たり前になります。そして、誰もが幸せを実感し、まわりの人たちと喜びを分かち合うライフスタイルが定着します。一人ひとりが清まると同時に、清らかで美しい社会が築かれるという好循環が起こるのです。

みなさんが勇気を持って清らかな道を歩み始めることにより、すさまじい勢いで消えている「清らかな場所」を取り戻すことができます。

あなたとその子孫のために、清らかな空間を広げていきましょう！

清らかさへ通ずる道は、穏やかでおおらかな道。人が正しく進化する未来へ向けた、幸せの架け橋なのです。

神様からあなたへのメッセージ

みなさんが得ている知識は理解ではなく、体験することが本当の理解につながるのであり、理解を深めることこそが正しい判断と行動を生み、それらを継続できるようになる方法なのです。

人類が地球を汚していることを知識として得るだけではなく、自らの体で地球の汚れをより繊細に正しく体感し、汚れは苦しいことであると体験できたときに、世界中の人たちは劇的に変化して、正しい方向へ進化します。

もうそろそろ、人が生み出した誤った情報に翻弄されることなく、身のまわりだけの狭い世界観の中で生きることをやめ、汚れを拒絶することができる清く優秀な心と体を育み、地球を清くきれいな空間にしてください。

私たちは人が幸せに生きるための道しるべとなり、力を注ぎ続けますので、みなさんも清らかな生き方をして、私たちとつながることができるように力を注いでください。

みなさんが健やかに、穏やかに過ごすことができる清らかな地球に鎮まることが、私たちの思いなのです。

✣神社スポットデータ

天照大御神《あまてらすおおみかみ》

⛩伊勢神宮《いせじんぐう》 内宮《ないぐう》

所在地 三重県伊勢市宇治館町1

御祭神 天照大御神

アクセス ＪＲ・近鉄「伊勢市」駅または近鉄「宇治山田」駅または近鉄「五十鈴川」駅よりバスで「内宮前」停留所下車すぐ。

⛩東京大神宮《とうきょうだいじんぐう》

所在地 東京都千代田区富士見2-4-1

御祭神 天照大御神、豊受大御神、天之御中主神、高御産巣日神、神産巣日神、倭姫命

アクセス ＪＲ中央線・総武線、東京メトロ有楽町線・南北線・東西線、都営地下鉄大江戸線の各線「飯田橋」駅より徒歩で約5分。

天照大御神《あまてらすおおみかみ》荒御魂《あらみたま》

⛩ **伊勢神宮《いせじんぐう》 荒祭宮《あらまつりのみや》**

所在地 三重県伊勢市宇治館町１

御祭神 天照大御神荒御魂

アクセス ＪＲ・近鉄「伊勢市」駅または近鉄「宇治山田」駅または近鉄「五十鈴川」駅よりバスで「内宮前」停留所下車すぐ。

豊受大御神《とようけのおおみかみ》

⛩ **伊勢神宮《いせじんぐう》 外宮《げぐう》**

所在地 三重県伊勢市豊川町２７９

御祭神 豊受大御神

アクセス ＪＲ・近鉄「伊勢市」駅より徒歩で約５分。近鉄「宇治山田」駅より徒歩で約10分。

月讀尊《つきよみのみこと》

⛩伊勢神宮《いせじんぐう》 月讀宮《つきよみのみや》

所在地 三重県伊勢市中村町742-1

御祭神 【月讀宮】月讀尊／【月讀荒御魂宮】月讀尊荒御魂／【伊佐奈岐宮】伊邪那岐神／【伊佐奈弥宮】伊邪那美神

アクセス 近鉄「五十鈴川」駅より徒歩で約10分。

倭姫命《やまとひめのみこと》

⛩伊勢神宮《いせじんぐう》 倭姫宮《やまとひめのみや》

所在地 三重県伊勢市楠部町5

御祭神 倭姫命

アクセス 近鉄「五十鈴川」駅より徒歩で約7分。

猿田彦大神《さるたひこおおかみ》

⛩猿田彦神社《さるたひこじんじゃ》

所在地 三重県伊勢市宇治浦田2-1-10
御祭神 猿田彦大神／【佐瑠女神社】天宇受売命
アクセス JR・近鉄「伊勢市」駅よりバスで「猿田彦神社前」停留所下車すぐ。

⛩二見興玉神社《ふたみおきたまじんじゃ》

所在地 三重県伊勢市二見町江575
御祭神 猿田彦大神、宇迦之御魂神／【境内社龍宮社】綿津見大神
アクセス JR参宮線「二見浦」駅より徒歩で約15分。

素戔嗚尊《すさのおのみこと》

⛩熊野本宮大社《くまのほんぐうたいしゃ》

所在地 和歌山県田辺市本宮町本宮1100
御祭神 【主祭神】家津美御子大神（素戔嗚尊）／上四社【本社鎮座】熊野牟須美神・事解之男神・速玉之男神・伊邪那岐神・家津美御子大神・天照大御神／中四社【大斎原（旧社地）鎮座（左祠）】忍穂耳命・瓊瓊杵尊・彦穂穂出見尊・鸕鷀草葺不合命／下四社【大斎原（旧社地）鎮座（左祠）】軻遇突智命・埴山姫命・弥都波能売命・稚産霊命
アクセス JR紀勢本線「紀伊田辺」駅よりバスで「本宮大社前」停留所下車すぐ。

素戔嗚尊荒御魂《すさのおのみことあらみたま》

⛩八坂神社《やさかじんじゃ》

所在地　京都府京都市東山区祇園町北側625

御祭神　【主祭神】素戔嗚尊、櫛稲田姫命、神大市比売命、佐美良比売命、八柱御子神、八島篠見神、五十猛神、大屋比売神、抓津比売神、大年神、宇迦之御魂神、大屋毘古神、須勢理毘売命、稲田宮主須賀之八耳神

アクセス　京阪「祇園四条」駅より徒歩約5分、阪急「河原町」駅より徒歩約8分、JR「京都」駅より車で約15分または市バス206番「祇園」停留所下車すぐ。

稲田姫命《いなだひめのみこと》

⛩氷川神社《ひかわじんじゃ》

所在地　埼玉県さいたま市大宮区高鼻町1-407

御祭神　【本殿】素戔嗚尊、稲田姫命、大己貴命

アクセス　東武野田線「北大宮」駅より徒歩で約10分。JR各線「大宮」駅より徒歩で約15分。

伊邪那岐神《いざなぎのかみ》

⛩筑波山神社《つくばさんじんじゃ》

所在地 茨城県つくば市筑波1

御祭神 筑波男大神（伊邪那岐神）、筑波女大神（伊邪那美神）

アクセス つくばエクスプレス「つくば」駅より筑波山シャトルバスで「筑波山神社入口」停留所下車、徒歩で約10分。

伊邪那美神《いざなみのかみ》

⛩熊野那智大社《くまのなちたいしゃ》

所在地 和歌山県東牟婁郡那智勝浦町那智山1

御祭神 【第一殿】大己貴命／【第二殿】家津美御子大神（素戔嗚尊）、国常立尊／【第三殿】熊野速玉大神（伊邪那岐神）／【第四殿】熊野夫須美大神（伊邪那美神）／【第五殿】天照大御神／【第六殿】天忍穂耳尊、瓊瓊杵尊、彦穂穂出見尊、鵜草葺不合命、国狭槌尊、豊斟渟尊、泥土煮尊、大戸道尊、面足尊

アクセス JR紀勢本線「紀伊勝浦」駅よりバスで「那智山」停留所下車、徒歩で約10分。

⛩熊野速玉大社《くまのはやたまたいしゃ》

所在地 和歌山県新宮市新宮1
御祭神 【第一殿】熊野速玉大神（伊邪那岐神）／【第二殿】熊野夫須美大神（伊邪那美神）／【第三殿】家津美御子大神（素戔嗚尊）、国常立尊／【第四殿】天照大御神、高倉下命／【第五殿】天忍穂耳尊／【第六殿】瓊瓊杵尊／【第七殿】彦穂穂出見尊／【第八殿】鵜草葺不合命／【第九殿】国狭槌尊、豊斟渟尊／【第十殿】泥土煮尊／【第十一殿】大戸道尊／【第十二殿】面足尊
アクセス ＪＲ紀勢本線「新宮」駅より徒歩で約15分。

天之御中主神《あめのみなかぬしのかみ》

⛩ 水天宮《すいてんぐう》

所在地 東京都中央区日本橋蠣殻町2-4-1
御祭神 天之御中主神
アクセス 東京メトロ半蔵門線「水天宮前」駅より徒歩で約1分、東京メトロ日比谷線「人形町」駅より徒歩で約6分、都営地下鉄浅草線「人形町」駅より徒歩で約8分、都営地下鉄新宿線「浜町」駅より徒歩で約12分。

高御産巣日神《たかみむすびのかみ》・神産巣日神《かみむすびのかみ》

⛩四柱神社《よはしらじんじゃ》

所在地 長野県松本市大手3-3-20

御祭神 天之御中主神、高御産巣日神、神産巣日神、天照大御神

アクセス JR中央本線「松本」駅より徒歩で約10分。

天常立尊《あめのとこたちのみこと》

⛩駒形神社《こまがたじんじゃ》

所在地 岩手県奥州市水沢中上野町1-83

御祭神 駒形大神（天照大御神・天常立尊・国狭槌尊・吾勝尊・置瀬尊・彦穂穂出見尊）

アクセス JR東北本線「水沢」駅より徒歩で約10分。

国常立尊《くにとこたちのみこと》

⛩玉置神社《たまおきじんじゃ》

所在地 奈良県吉野郡十津川村玉置川1

御祭神　国常立尊、伊邪那岐神、伊邪那美神、天照大御神、神日本磐余彦尊
アクセス　奈良方面からは近鉄「八木」駅または「五條」駅よりバスで「十津川温泉」停留所下車。
和歌山方面からはJR紀勢本線「新宮」駅よりバスで「十津川温泉」停留所下車。
※バス停から神社まではタクシーを利用。

瓊瓊杵尊《ににぎのみこと》

⛩箱根神社《はこねじんじゃ》

所在地　神奈川県足柄下郡箱根町元箱根80-1
御祭神　瓊瓊杵尊、木花咲耶姫命、彦穂穂出見尊
アクセス　JR東海道線「小田原」駅・「熱海」駅または小田急線「湯本」駅よりバスで「元箱根」停留所下車、徒歩で約10分。

木花咲耶姫命《このはなさくやひめのみこと》

⛩富士山本宮《ふじさんほんぐう》　浅間大社《せんげんたいしゃ》

所在地　静岡県富士宮市宮町1-1
御祭神　木花咲耶姫命（主祭神）、瓊瓊杵尊、大山祇神

アクセス　JR東海道新幹線「新富士」駅よりタクシーで約30分。JR身延線「富士宮」駅より徒歩で約10分。

⛩霧島神宮《きりしまじんぐう》

所在地　鹿児島県霧島市霧島田口2608-5

御祭神　天饒石國饒石天津日高彦火瓊瓊杵尊、木花咲耶姫命、彦穂穂出見尊、豊玉姫命、玉依姫尊、鵜葺草葺不合尊、神倭磐余彦尊

アクセス　JR日豊本線「霧島神宮」駅よりバスまたはタクシーで約10分。

大国主命《おおくにぬしのみこと》・宇麻志阿斯訶備比古遅神《うましあしかびひこじのかみ》

⛩出雲大社《いずもたいしゃ》

所在地　島根県出雲市大社町杵築東195

御祭神　大国主命

アクセス　JR山陰本線「出雲市」駅よりバスで約25分。一畑電鉄大社線「出雲大社前」駅より徒歩で約5分。

大物主命《おおものぬしのみこと》

⛩大神神社《おおみわじんじゃ》

所在地 奈良県桜井市三輪1422

御祭神 【本殿】大物主命、大己貴神、少彦名神／【狭井神社】大物主命荒御魂／【久延彦神社】久延毘古命／【市杵島姫神社】市杵島比賣命／【祓戸神社】祓戸神

アクセス JR桜井線「三輪」駅より徒歩で約5分。JR桜井線・近鉄大阪線「桜井」駅よりシャトルバスで約20分。

東京総氏神《とうきょうそううじがみ》

⛩明治神宮《めいじじんぐう》

所在地 東京都渋谷区代々木神園町1-1

御祭神 明治天皇、昭憲皇太后

アクセス JR山手線「原宿」駅、東京メトロ千代田線・副都心線「明治神宮前」駅より徒歩で約2分。

大國魂大神《おおくにたまのおおかみ》

⛩大國魂神社《おおくにたまじんじゃ》

所在地　東京都府中市宮町3-1

御祭神　大國魂大神、小野大神、小河大神、氷川大神、秩父大神、金佐奈大神、杉山大神、御霊大神、国内諸神

アクセス　JR南武線・武蔵野線「府中本町」駅または京王線「府中」駅より徒歩で約5分。

味耜高彦根命《あじすきたかひこねのみこと》

⛩日光二荒山神社《にっこうふたらさんじんじゃ》

所在地　栃木県日光市山内2307

御祭神　二荒山大神（大己貴命・田心姫命・味耜高彦根命）

アクセス　JR日光線「日光」駅または東武鉄道「東武日光」駅よりバスで「西参道」停留所下車、徒歩で約7分。

宇迦之御魂大神《うかのみたまのおおかみ》

⛩伏見稲荷大社《ふしみいなりたいしゃ》

所在地 京都府京都市伏見区深草藪之内町68

御祭神 宇迦之御魂大神、田中大神、佐田彦大神、大宮能売大神、四大神

アクセス ＪＲ奈良線「稲荷」駅下車すぐ。京阪電鉄京阪本線「伏見稲荷」駅より徒歩で約5分。

大年神《おおとしのかみ》

⛩下谷神社《したやじんじゃ》

所在地 東京都台東区東上野3‐29‐8

御祭神 大年神、日本武尊

アクセス ＪＲ各線、東京メトロ各線「上野」駅より徒歩で約6分。東京メトロ銀座線「稲荷町」駅より徒歩で約2分。都営大江戸線、つくばエクスプレス「新御徒町」駅より徒歩で約5分。

天《あめ》之《の》手《た》力《じから》雄《を》命《のみこと》荒《あら》御《み》魂《たま》

⛩ 湯島天満宮《ゆしまてんまんぐう》

所在地　東京都文京区湯島3-30-1

御祭神　天之手力雄命、菅原道真公

アクセス　東京メトロ千代田線「湯島」駅より徒歩で約2分、東京メトロ銀座線「上野広小路」駅より徒歩で約5分、東京メトロ丸ノ内線「本郷3丁目」駅より徒歩で約10分、都営大江戸線「上野御徒町」駅より徒歩で約5分、JR各線「御徒町」駅より徒歩で約8分。

経《ふ》津《つ》主《ぬし》神《のかみ》荒《あら》御《み》魂《たま》

⛩ 香取神宮《かとりじんぐう》

所在地　千葉県香取市香取1697-1

御祭神　経津主大神

アクセス　JR成田線「佐原」駅よりタクシーで約10分。

多岐津比賣命《たぎつひめのみこと》

⛩江島神社《えしまじんじゃ》

所在地 神奈川県藤沢市江の島2-3-8

御祭神 【奥津宮】多岐津比賣命／【中津宮】市杵島比賣命／【辺津宮】田寸津比賣命

アクセス 小田急線「片瀬江ノ島」駅または江ノ島電鉄「江ノ島」駅より徒歩で約15分。湘南モノレール「湘南江の島」駅より徒歩で約20分。

表筒之男命《うわつつのおのみこと》

⛩住吉大社《すみよしたいしゃ》（大阪府）

所在地 大阪府大阪市住吉区住吉2-9-89

御祭神 底筒之男命、中筒之男命、表筒之男命、神功皇后

アクセス 南海本線「住吉大社」駅より徒歩で約3分、阪堺線（路面電車）「住吉鳥居前」駅より徒歩すぐ。

中筒之男命《なかつつのおのみこと》

⛩住吉神社《すみよしじんじゃ》（山口県）

所在地 山口県下関市一の宮住吉1-11-1

御祭神 住吉三神（表筒之男命・中筒之男命・底筒之男命）、応神天皇、武内宿禰命、神功皇后、建御名方神

アクセス JR山陽新幹線・山陽本線「新下関」駅よりバスで「一の宮」停留所下車、徒歩で約5分。

底筒之男命《そこつつのおのみこと》

⛩住吉神社《すみよしじんじゃ》（福岡県）

所在地 福岡県福岡市博多区住吉3-1-51

御祭神 住吉三神（底筒之男命、中筒之男命、表筒之男命）、天照大御神、神功皇后

アクセス JR各線・地下鉄「博多」駅より徒歩で約10分。「博多」駅よりバスで「住吉」停留所下車、徒歩で約2分。

天津日高彦穂穂出見尊《あまつひだかひこほほでみのみこと》

⛩鹿児島神宮《かごしまじんぐう》

所在地　鹿児島県霧島市隼人町内2496-1

御祭神　天津日高彦穂穂出見尊（山幸彦）、豊玉姫命、帯中津日子命（仲哀天皇）、息長帯比賣命（神功皇后）、品陀和気命（応神天皇・八幡大神）、仲姫命（応神天皇皇后）

アクセス　JR日豊本線「隼人」駅より徒歩で約15分。「隼人」駅よりバスで「鹿児島神宮」停留所下車、徒歩で約5分。

建御名方神《たけみなかたのかみ》・八坂刀賣命《やさかとめのみこと》

⛩諏訪大社《すわたいしゃ》

所在地　【上社本宮】長野県諏訪市中洲宮山1
【上社前宮】長野県茅野市宮川2030
【下社春宮】長野県諏訪郡下諏訪町193
【下社秋宮】長野県諏訪郡下諏訪町5828

御祭神　建御名方神、八坂刀賣命、八重事代主神

アクセス　【上社本宮】JR中央本線「上諏訪」駅よりバスで「神社前」停留所下車／【上社前宮】JR中央本線「茅野」駅よりバスで「前宮前」停留所下車／【下社春宮】JR中央本線「下諏

訪」駅より徒歩で約20分／【下社秋宮】ＪＲ中央本線「下諏訪」駅より徒歩で約15分。

思兼命《おもいかねのみこと》・石凝姥命《いしこりどめのみこと》

⛩日前神宮《ひのくまじんぐう》・國懸神宮《くにかかすじんぐう》

所在地 和歌山県和歌山市秋月３６５

御祭神 【日前神宮】日前大神、思兼神、石凝姥命／【國懸神宮】國懸大神、玉祖命、明立天御影命、鈿女命

アクセス わかやま電鉄貴志川線「日前宮」駅下車すぐ。

寒川大明神《さむかわだいみょうじん》

⛩寒川神社《さむかわじんじゃ》

所在地 神奈川県高座郡寒川町宮山３９１６

御祭神 寒川大明神（寒川比古命・寒川比女命）

アクセス ＪＲ相模線「宮山」駅より徒歩で約５分。

大山咋神《おほやまくひのかみ》

⛩日枝神社《ひえじんじゃ》

所在地 東京都千代田区永田町2-10-5

御祭神 大山咋神、国常立尊、伊邪那美神、足仲彦尊

アクセス 東京メトロ千代田線「赤坂」駅より徒歩で約3分、南北線・銀座線「溜池山王」駅より徒歩で約3分、千代田線・丸ノ内線「国会議事堂前」駅より徒歩で約5分、銀座線・丸ノ内線「赤坂見附」駅より徒歩で約8分。

⛩松尾大社《まつおたいしゃ》

所在地 京都府京都市西京区嵐山宮町3

御祭神 大山咋神、市杵島比賣命

アクセス 阪急電鉄嵐山線「松尾大社」駅下車すぐ。

稚日女尊《わかひるめのみこと》

⛩生田神社《いくたじんじゃ》

所在地 兵庫県神戸市中央区下山手通1-2-1

御祭神 稚日女尊

アクセス ＪＲ・私鉄各線「三宮」駅より徒歩で約10分。

豊玉姫命《とよたまひめのみこと》

⛩豊玉姫神社《とよたまひめじんじゃ》

所在地 鹿児島県南九州市知覧町郡１６５１０

御祭神 豊玉姫命、豊玉彦命、彦穂穂出見尊、玉依姫命

アクセス ＪＲ各線「鹿児島中央」駅よりバスで「知覧」停留所下車、徒歩で約10分。

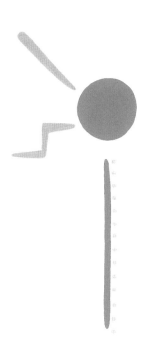

大川知乃 Tomono Ohkawa

スピリチュアルカウンセラー。幼少の頃に、自分の意志とは無関係に神様の世界を体感する。それによって自分にスピリチュアルな能力があることに気づく。しかし、その能力の高さと世の中とのバランスの悪さによって肉体の限界を超え、心身のバランスを崩し、その結果、幽体離脱、臨死体験、生と死の境を幾度もさまよう。さまざまな体験を通じて、自分の存在意義に気づき、神様にさらに近づくための努力を重ねるようになる。神様にお会いしたいという一心で、神社巡りを続けるうちに、ある日、奈良の神社で神様の声を聞き、そして遂に神様の姿が見えるようになる。以降、神様と交信する能力に磨きをかけ、神様と人間の絆を取り戻すべく活動中。著書に『もしもし、神様』『神様と見えない世界について誰も言わなかった真実をお話しましょう。』(マガジンハウス刊)、『自分を清める方法』(双葉社刊)、『心と体を浄化する、清めの作法』(長岡書店刊)、『神様からの真実』『心身を進化させる究極の技法「清体」』(ナチュラルスピリット刊)などがある。

大川知乃オフィシャルサイト https://tomonookawa.com/
※本文の章扉およびカットのイラストは著者による

こんにちは、神様

清らかな神社で幸せと健康を！

●

2020年1月15日　初版発行

著者／大川知乃

神様のイラスト／大川知乃　水見美和子
p.205～208のイラスト／シラキハラメグミ
編集／野崎陽子
本文デザイン・DTP／山中 央

発行者／今井博揮

発行所／株式会社ナチュラルスピリット
〒101-0051 東京都千代田区神田神保町3-2　高橋ビル2階
TEL 03-6450-5938　FAX 03-6450-5978
E-mail　info@naturalspirit.co.jp
ホームページ　https://www.naturalspirit.co.jp/

印刷所／シナノ印刷株式会社

ISBN978-4-86451-324-1　C0010